Gröls Verlage

„Bücher sind wie Fallschirme. Sie nützen uns nichts, wenn wir sie nicht öffnen.“

Gröls Verlag

Redaktionelle Hinweise und Impressum

Das vorliegende Werk wurde zugunsten der Authentizität sehr zurückhaltend bearbeitet. So wurden etwa ursprüngliche Rechtschreibfehler *nicht* systematisch behoben, denn kleine Unvollkommenheiten machen das Buch – wie im Übrigen den Menschen – erst authentisch. Mitunter wurden jedoch zum Beispiel Absätze behutsam neu getrennt, um den Lesefluss zu erleichtern.

Um die Texte zu rekonstruieren, werden antiquarische Bücher von Lesegeräten gescannt und dann durch eine Software lesbar gemacht. Der so entstandene Text wird von Menschen gegengelesen und korrigiert – hierbei treten auch Fehler auf. Wenn Sie ebenfalls antiquarische Texte einreichen möchten, finden Sie weitere Informationen auf www.groels.de

Viel Freude bei der Lektüre wünscht Ihnen das Team des Gröls-Verlags.

Adressen

Verleger: Sophia Gröls, Im Borngrund 26, 61440 Oberursel

Externer Dienstleister für Distribution & Herstellung: BoD, In de Tarpen 42, 22848 Norderstedt

Unsere „Edition | Werke der Weltliteratur“ hat den Anspruch, eine der größten und vollständigsten Sammlungen klassischer Literatur in deutscher Sprache zu sein. Nach und nach versammeln wir hier nicht nur die „üblichen Verdächtigen“ von Goethe bis Schiller, sondern auch Kleinode der vergangenen Jahrhunderte, die – zu Unrecht – drohen, in Vergessenheit zu geraten. Wir kultivieren und kuratieren damit einen der wertvollsten Bereiche der abendländischen Kultur. Kleine Auswahl:

Francis Bacon • Neues Organon • **Balzac** • Glanz und Elend der Kurtisanen • **Joachim H. Campe** • Robinson der Jüngere • **Dante Alighieri** • Die Göttliche Komödie • **Daniel Defoe** • Robinson Crusoe • **Charles Dickens** • Oliver Twist • **Denis Diderot** • Jacques der Fatalist • **Fjodor Dostojewski** • Schuld und Sühne • **Arthur Conan Doyle** • Der Hund von Baskerville • **Marie von Ebner-Eschenbach** • Das Gemeindekind • **Elisabeth von Österreich** • Das Poetische Tagebuch • **Friedrich Engels** • Die Lage der arbeitenden Klasse • **Ludwig Feuerbach** • Das Wesen des Christentums • **Johann G. Fichte** • Reden an die deutsche Nation • **Fitzgerald** • Zärtlich ist die Nacht • **Flaubert** • Madame Bovary • **Gorch Fock** • Seefahrt ist not! • **Theodor Fontane** • Effi Briest • **Robert Musil** • Über die Dummheit • **Edgar Wallace** • Der Frosch mit der Maske • **Jakob Wassermann** • Der Fall Maurizius • **Oscar Wilde** • Das Bildnis des Dorian Grey • **Émile Zola** • Germinal • **Stefan Zweig** • Schachnovelle • **Hugo von Hofmannsthal** • Der Tor und der Tod • **Anton Tschechow** • Ein Heiratsantrag • **Arthur Schnitzler** • Reigen • **Friedrich Schiller** • Kabale und Liebe • **Nicolo Machiavelli** • Der Fürst • **Gotthold E. Lessing** • Nathan der Weise • **Augustinus** • Die Bekenntnisse des heiligen Augustinus • **Marcus Aurelius** • Selbstbetrachtungen • **Charles Baudelaire** • Die Blumen des Bösen • **Harriett Stowe** • Onkel Toms Hütte • **Walter Benjamin** • Deutsche Menschen • **Hugo Bettauer** • Die Stadt ohne Juden • **Lewis Caroll** • *und viele mehr….*

Johann Wolfgang von Goethe

Torquato Tasso

Schauspiel

Text der Erstausgabe von 1790

Inhalt

Personen:

Alphons, der zweyte, *Herzog von Ferrara*.
Leonore von Este, *Schwester des Herzogs*.
Leonore Sanvitale, *Gräfinn von Scandiano*.
Torquato Tasso.
Antonio Montecatino, *Staatssecretär*.

Der Schauplatz ist auf Belriguardo, einem Lustschlosse.

Erster Aufzug

Erster Auftritt.

Gartenplatz, mit Hermen der epischen Dichter geziert. Vorn an der Scene zur Rechten Virgil, zur Linken Ariost.

Prinzessinn. Leonore.

Prinzessinn.
Du siehst mich lächlend an, Eleonore,
Und siehst dich selber an und lächelst wieder.
Was hast du? Laß es eine Freundinn wissen!
Du scheinst bedenklich, doch du scheinst vergnügt.

Leonore.
Ja, meine Fürstinn, mit Vergnügen seh' ich
Uns beyde hier so ländlich ausgeschmückt.
Wir scheinen recht beglückte Schäferinnen
Und sind auch wie die Glücklichen beschäftigt.
Wir winden Kränze. Dieser, bunt von Blumen,
Schwillt immer mehr und mehr in meiner Hand,
Du hast mit höherm Sinn und größerm Herzen
Den zarten schlanken Lorber dir gewählt.

Prinzessinn.
Die Zweige, die ich in Gedanken flocht,
Sie haben gleich ein würdig Haupt gefunden,
Ich setze sie Virgilen dankbar auf,

Sie kränzt die Herme Virgils.

Leonore.
So drück' ich meinen vollen frohen Kranz
Dem Meister Ludwig auf die hohe Stirne –

Sie kränzt Ariostens Herme.

Er, dessen Scherze nie verblühen, habe
Gleich von dem neuen Frühling seinen Theil.

Prinzessinn.

Mein Bruder ist gefällig daß er uns
In diesen Tagen schon auf's Land gebracht,
Wir können unser seyn und stundenlang
Uns in die goldne Zeit der Dichter träumen.
Ich liebe Belriguardo, denn ich habe
Hier manchen Tag der Jugend froh durchlebt,
Und dieses neue Grün und diese Sonne
Bringt das Gefühl mir jener Zeit zurück.

Leonore.

Ja es umgibt uns eine neue Welt!
Der Schatten dieser immer grünen Bäume
Wird schon erfreulich. Schon erquickt uns wieder
Das Rauschen dieser Brunnen, schwankend wiegen
Im Morgenwinde sich die jungen Zweige.
Die Blumen von den Beeten schauen uns
Mit ihren Kinderaugen freundlich an.
Der Gärtner deckt getrost das Winterhaus
Schon der Citronen und Orangen ab,
Der blaue Himmel ruhet über uns
Und an dem Horizonte lös't der Schnee
Der fernen Berge sich in leisen Duft.

Prinzessinn.

Es wäre mir der Frühling sehr willkommen,
Wenn er nicht meine Freundinn mir entführte.

Leonore.

Erinnre mich in diesen holden Stunden,
O Fürstinn, nicht wie bald ich scheiden soll.

Prinzessinn.
Was du verlassen magst, das findest du
In jener großen Stadt gedoppelt wieder.

Leonore.
Es ruft die Pflicht, es ruft die Liebe mich
Zu dem Gemahl der mich so lang' entbehrt.
Ich bring' ihm seinen Sohn, der dieses Jahr
So schnell gewachsen, schnell sich ausgebildet,
Und theile seine väterliche Freude.
Groß ist Florenz und herrlich, doch der Werth
Von allen seinen aufgehäuften Schätzen
Reicht an Ferrara's Edelsteine nicht.
Das Volk hat jene Stadt zur Stadt gemacht,
Ferrara ward durch seine Fürsten groß.

Prinzessinn.
Mehr durch die guten Menschen, die sich hier
Durch Zufall trafen und zum Glück verbanden.

Leonore.
Sehr leicht zerstreut der Zufall was er sammelt.
Ein edler Mensch zieht edle Menschen an
Und weiß sie fest zu halten, wie ihr thut.
Um deinen Bruder und um dich verbinden
Gemüther sich, die eurer würdig sind,
Und ihr seyd eurer großen Väter werth.
Hier zündete sich froh das schöne Licht
Der Wissenschaft, des freyen Denkens an,
Als noch die Barbarey mit schwerer Dämmrung
Die Welt umher verbarg. Mir klang als Kind
Der Name Hercules von Este schon,
Schon Hyppolit von Este voll in's Ohr.
Ferrara ward mit Rom und mit Florenz
Von meinem Vater viel gepriesen! Oft

Hab' ich mich hingesehnt; nun bin ich da.
Hier ward Petrarch bewirthet, hier gepflegt,
Und Ariost fand seine Muster hier.
Italien nennt keinen großen Namen,
Den dieses Haus nicht seinen Gast genannt.
Und es ist vortheilhaft den Genius
Bewirthen: gibst du ihm ein Gastgeschenk,
So läßt er dir ein schöneres zurück.
Die Stätte, die ein guter Mensch betrat,
Ist eingeweiht; nach hundert Jahren klingt
Sein Wort und seine That dem Enkel wieder.

Prinzessinn.
Dem Enkel, wenn er lebhaft fühlt wie du.
Gar oft beneid' ich dich um dieses Glück.

Leonore.
Das du, wie wenig andre, still und rein
Genießest. Drängt mich doch das volle Herz
Sogleich zu sagen was ich lebhaft fühle,
Du fühlst es besser, fühlst es tief und – schweigst.
Dich blendet nicht der Schein des Augenblicks,
Der Witz besticht dich nicht, die Schmeicheley
Schmiegt sich vergebens künstlich an dein Ohr:
Fest bleibt dein Sinn und richtig dein Geschmack,
Dein Urtheil g'rad, stets ist dein Antheil groß
Am Großen, das du wie dich selbst erkennst.

Prinzessinn.
Du solltest dieser höchsten Schmeicheley
Nicht das Gewand vertrauter Freundschaft leihen.

Leonore.
Die Freundschaft ist gerecht, sie kann allein
Den ganzen Umfang deines Werths erkennen.
Und laß mich der Gelegenheit, dem Glück

Auch seinen Theil an deiner Bildung geben,
Du hast sie doch, und bist's am Ende doch,
Und dich mit deiner Schwester ehrt die Welt
Vor allen großen Frauen eurer Zeit.

Prinzessinn.

Mich kann das, Leonore, wenig rühren,
Wenn ich bedenke wie man wenig ist,
Und was man ist, das blieb man andern schuldig.
Die Kenntniß alter Sprachen und des Besten,
Was uns die Vorwelt ließ, dank' ich der Mutter;
Doch war an Wissenschaft, an rechtem Sinn
Ihr keine beyder Töchter jemals gleich;
Und soll sich eine ja mit ihr vergleichen,
So hat Lucretia gewiß das Recht.
Auch kann ich dir versichern hab' ich nie
Als Rang und als Besitz betrachtet, was
Mir die Natur, was mir das Glück verlieh.
Ich freue mich, wenn kluge Männer sprechen,
Daß ich verstehen kann wie sie es meinen.
Es sey ein Urtheil über einen Mann
Der alten Zeit und seiner Thaten werth;
Es sey von einer Wissenschaft die Rede,
Die, durch Erfahrung weiter ausgebreitet,
Dem Menschen nutzt indem sie ihn erhebt,
Wohin sich das Gespräch der Edlen lenkt
Ich folge gern, denn mir wird leicht zu folgen.
Ich höre gern dem Streit der Klugen zu,
Wenn um die Kräfte, die des Menschen Brust
So freundlich und so fürchterlich bewegen,
Mit Grazie die Rednerlippe spielt;
Gern, wenn die fürstliche Begier des Ruhms,
Des ausgebreiteten Besitzes Stoff
Dem Denker wird, und wenn die feine Klugheit,

Von einem klugen Manne zart entwickelt,
Statt uns zu hintergehen uns belehrt.

Leonore.
Und dann nach dieser ernsten Unterhaltung
Ruht unser Ohr und unser innrer Sinn
Gar freundlich auf des Dichters Reimen aus,
Der uns die letzten lieblichsten Gefühle
Mit holden Tönen in die Seele flößt.
Dein hoher Geist umfaßt ein weites Reich,
Ich halte mich am liebsten auf der Insel
Der Poesie in Lorberhainen auf

Prinzessinn.
In diesem schönen Lande, hat man mir
Versichern wollen, wächst vor andern Bäumen
Die Myrte gern. Und wenn der Musen gleich
Gar viele sind, so sucht man unter ihnen
Sich seltner eine Freundinn und Gespielinn,
Als man dem Dichter gern begegnen mag,
Der uns zu meiden, ja zu fliehen scheint,
Etwas zu suchen scheint das wir nicht kennen,
Und er vielleicht am Ende selbst nicht kennt.
Da wär' es denn ganz artig, wenn er uns
Zur guten Stunde träfe, schnell entzückt
Uns für den Schatz erkennte, den er lang'
Vergebens in der weiten Welt gesucht.

Leonore.
Ich muß mir deinen Scherz gefallen lassen,
Er trifft mich zwar, doch trifft er mich nicht tief
Ich ehre jeden Mann und sein Verdienst
Und ich bin gegen Tasso nur gerecht.
Sein Auge weilt auf dieser Erde kaum;
Sein Ohr vernimmt den Einklang der Natur;

Was die Geschichte reicht, das Leben gibt,
Sein Busen nimmt es gleich und willig auf
Das weit zerstreute sammelt sein Gemüth,
Und sein Gefühl belebt das Unbelebte.
Oft adelt er was uns gemein erschien,
Und das Geschätzte wird vor ihm zu nichts.
In diesem eignen Zauberkreise wandelt
Der wunderbare Mann und zieht uns an
Mit ihm zu wandeln, Theil an ihm zu nehmen:
Er scheint sich uns zu nahn, und bleibt uns fern;
Er scheint uns anzusehn, und Geister mögen
An unsrer Stelle seltsam ihm erscheinen.

Prinzessinn.

Du hast den Dichter fein und zart geschildert,
Der in den Reichen süßer Träume schwebt.
Allein mir scheint auch ihn das Wirkliche
Gewaltsam anzuziehn und fest zu halten.
Die schönen Lieder, die an unsern Bäumen
Wir hin und wieder angeheftet finden,
Die, goldnen Äpfeln gleich, ein neu Hesperien
Uns duftend bilden. Erkennst du sie nicht alle
Für holde Früchte einer wahren Liebe?

Leonore.

Ich freue mich der schönen Blätter auch.
Mit mannigfalt'gem Geist verherrlicht er
Ein einzig Bild in allen seinen Reimen.
Bald hebt er es in lichter Glorie
Zum Sternenhimmel auf, beugt sich verehrend
Wie Engel über Wolken vor dem Bilde;
Dann schleicht er ihm durch stille Fluren nach
Und jede Blume windet er zum Kranz.
Entfernt sich die Verehrte, heiligt er
Den Pfad, den leis' ihr schöner Fuß betrat.

Versteckt im Busche, gleich der Nachtigall,
Füllt er aus einem liebekranken Busen
Mit seiner Klagen Wohllaut Hain und Luft:
Sein reitzend Leid, die sel'ge Schwermuth lockt
Ein jedes Ohr und jedes Herz muß nach –

Prinzessinn.
Und wenn er seinen Gegenstand benennt,
So gibt er ihm den Namen Leonore.

Leonore.
Es ist dein Name wie es meiner ist.
Ich nähm' es übel wenn's ein andrer wäre.
Mich freut es daß er sein Gefühl für dich
In diesem Doppelsinn verbergen kann.
Ich bin zufrieden daß er meiner auch
Bey dieses Namens holdem Klang gedenkt.
Hier ist die Frage nicht von einer Liebe,
Die sich des Gegenstands bemeistern will,
Ausschließend ihn besitzen, eifersüchtig
Den Anblick jedem andern wehren möchte.
Wenn er in seliger Betrachtung sich
Mit deinem Werth beschäftigt, mag er auch
An meinem leichtern Wesen sich erfreun.
Uns liebt er nicht, – verzeih daß ich es sage! –
Aus allen Sphären trägt er was er liebt
Auf einen Namen nieder den wir führen,
Und sein Gefühl theilt er uns mit; wir scheinen
Den Mann zu lieben, und wir lieben nur
Mit ihm das höchste was wir lieben können.

Prinzessinn.
Du hast dich sehr in diese Wissenschaft
Vertieft, Eleonore, sagst mir Dinge,

Die mir beynahe nur das Ohr berühren
Und in die Seele kaum noch übergehn.

Leonore.
Du? Schülerinn des Plato! nicht begreifen?
Was dir ein Neuling vorzuschwatzen wagt.
Es müßte seyn daß ich zu sehr mich irrte,
Doch irr' ich auch nicht ganz, ich weiß es wohl.
Die Liebe zeigt in dieser holden Schule
Sich nicht, wie sonst, als ein verwöhntes Kind:
Es ist der Jüngling der mit Psychen sich
Vermählte, der im Rath der Götter Sitz
Und Stimme hat. Er tobt nicht frevelhaft
Von einer Brust zur andern hin und her;
Er heftet sich an Schönheit und Gestalt
Nicht gleich mit süßem Irrthum fest, und büßet
Nicht schnellen Rausch mit Ekel und Verdruß.

Prinzessinn.
Da kommt mein Bruder, laß uns nicht verrathen
Wohin sich wieder das Gespräch gelenkt,
Wir würden seinen Scherz zu tragen haben,
Wie unsre Kleidung seinen Spott erfuhr.

Zweyter Auftritt.

Die Vorigen. Alphons.

Alphons.
Ich suche Tasso, den ich nirgends finde,
Und treff' ihn – hier sogar bey euch nicht an.
Könnt ihr von ihm mir keine Nachricht geben?

Prinzessinn.
Ich sah' ihn gestern wenig, heute nicht.

Alphons.
Es ist ein alter Fehler, daß er mehr
Die Einsamkeit als die Gesellschaft sucht.
Verzeih' ich ihm, wenn er den bunten Schwarm
Der Menschen flieht, und lieber frey im Stillen
Mit seinem Geist sich unterhalten mag,
So kann ich doch nicht loben daß er selbst
Den Kreis vermeidet den die Freunde schließen.

Leonore.
Irr' ich mich nicht, so wirst du bald, o Fürst,
Den Tadel in ein frohes Lob verwandeln.
Ich sah' ihn heut' von fern; er hielt ein Buch
Und eine Tafel, schrieb und ging und schrieb.
Ein flüchtig Wort das er mir gestern sagte
Schien mir sein Werk vollendet anzukünden.
Er sorgt nur kleine Züge zu verbessern,
Um deiner Huld, die ihm so viel gewährt,
Ein würdig Opfer endlich darzubringen.

Alphons.
Er soll willkommen seyn wenn er es bringt
Und losgesprochen seyn auf lange Zeit.
So sehr ich Theil an seiner Arbeit nehme,
So sehr in manchem Sinn das große Werk
Mich freut und freuen muß, so sehr vermehrt
Sich auch zuletzt die Ungeduld in mir.
Er kann nicht enden, kann nicht fertig werden,
Er ändert stets, ruckt langsam weiter vor,
Steht wieder still, er hintergeht die Hoffnung;
Unwillig sieht man den Genuß entfernt
In späte Zeit, den man so nah' geglaubt.

Prinzessinn.
Ich lobe die Bescheidenheit, die Sorge,

Womit er Schritt vor Schritt zum Ziele geht.
Nur durch die Gunst der Musen schließen sich
So viele Reime fest in eins zusammen;
Und seine Seele hegt nur diesen Trieb
Es soll sich sein Gedicht zum Ganzen ründen.
Er will nicht Mährchen über Mährchen häufen,
Die reitzend unterhalten und zuletzt
Wie lose Worte nur verklingend täuschen.
Laß ihn, mein Bruder! denn es ist die Zeit
Von einem guten Werke nicht das Maß;
Und wenn die Nachwelt mit genießen soll,
So muß des Künstlers Mitwelt sich vergessen.

Alphons.
Laß uns zusammen, liebe Schwester, wirken,
Wie wir zu beyder Vortheil oft gethan!
Wenn ich zu eifrig bin, so lindre du:
Und bist du zu gelind, so will ich treiben.
Wir sehen dann auf einmal ihn vielleicht
Am Ziel, wo wir ihn lang' gewünscht zu sehn.
Dann soll das Vaterland, es soll die Welt
Erstaunen, welch ein Werk vollendet worden.
Ich nehme meinen Theil des Ruhms davon,
Und er wird in das Leben eingeführt.
Ein edler Mensch kann einem engen Kreise
Nicht seine Bildung danken. Vaterland
Und Welt muß auf ihn wirken. Ruhm und Tadel
Muß er ertragen lernen. Sich und andre
Wird er gezwungen recht zu kennen. Ihn
Wiegt nicht die Einsamkeit mehr schmeichelnd ein.
Es *will* der Feind – es *darf* der Freund nicht schonen:
Dann übt der Jüngling streitend seine Kräfte,
Fühlt was er ist und fühlt sich bald ein Mann.

Leonore.
So wirst du, Herr, für ihn noch alles thun,
Wie du bisher für ihn schon viel gethan.
Es bildet ein Talent sich in der Stille,
Sich ein Charakter in dem Strom der Welt.
O daß er sein Gemüth wie seine Kunst
An deinen Lehren bilde! Daß er nicht
Die Menschen länger meide, daß sein Argwohn
Sich nicht zuletzt in Furcht und Haß verwandle!

Alphons.
Die Menschen fürchtet nur wer sie nicht kennt,
Und wer sie meidet wird sie bald verkennen.
Das ist sein Fall, und so wird nach und nach
Ein frey Gemüth verworren und gefesselt.
So ist er oft um meine Gunst besorgt
Weit mehr als es ihm ziemte; gegen viele
Hegt er ein Mißtraun, die, ich weiß es sicher,
Nicht seine Feinde sind. Begegnet ja
Daß sich ein Brief verirrt, daß ein Bedienter
Aus seinem Dienst in einen andern geht,
Daß ein Papier aus seinen Händen kommt,
Gleich sieht er Absicht, sieht Verrätherey
Und Tücke die sein Schicksal untergräbt.

Prinzessinn.
Laß uns, geliebter Bruder, nicht vergessen
Daß von sich selbst der Mensch nicht scheiden kann.
Und wenn ein Freund, der mit uns wandeln sollte,
Sich einen Fuß beschädigte, wir würden
Doch lieber langsam gehn und unsre Hand
Ihm gern und willig leihen?

Alphons.

Besser wär's,
Wenn wir ihn heilen könnten, lieber gleich
Auf treuen Rath des Arztes eine Cur
Versuchten, dann mit dem Geheilten froh
Den neuen Weg des frischen Lebens gingen.
Doch hoff' ich, meine Lieben, daß ich nie
Die Schuld des rauhen Arztes auf mich lade.
Ich thue was ich kann um Sicherheit
Und Zutraun seinem Busen einzuprägen.
Ich geb' ihm oft in Gegenwart von Vielen
Entschiedne Zeichen meiner Gunst. Beklagt
Er sich bey mir, so laß' ich's untersuchen;
Wie ich es that, als er sein Zimmer neulich
Erbrochen glaubte. Läßt sich nichts entdecken,
So zeig' ich ihm gelassen, wie ich's sehe;
Und da man alles üben muß, so üb' ich,
Weil er's verdient, an Tasso die Geduld:
Und ihr, ich weiß es, steht mir willig bey.
Ich hab' euch nun auf's Land gebracht und gehe
Heut' Abend nach der Stadt zurück. Ihr werdet
Auf einen Augenblick Antonio sehen,
Er kommt von Rom und hohlt mich ab. Wir haben
Viel auszureden, abzuthun. Entschlüsse
Sind nun zu fassen, Briefe viel zu schreiben,
Das alles nöthigt mich zur Stadt zurück.

Prinzessinn.
Erlaubst du uns daß wir dich hinbegleiten?

Alphons.
Bleibt nur in Belriguardo, geht zusammen
Hinüber nach Consandoli! Genießt
Der schönen Tage ganz nach freyer Lust.

Prinzessinn.
Du kannst nicht bey uns bleiben? die Geschäfte
Nicht hier so gut als in der Stadt verrichten?

Leonore.
Du führst uns gleich Antonio hinweg,
Der uns von Rom so viel erzählen sollte?

Alphons.
Es geht nicht an, ihr Kinder; doch ich komme
Mit ihm so bald als möglich ist, zurück:
Dann soll er euch erzählen und ihr sollt
Mir ihn belohnen helfen, der so viel
In meinem Dienst aufs neue sich bemüht.
Und haben wir uns wieder ausgesprochen,
So mag der Schwarm dann kommen, daß es lustig
In unsern Gärten werde, daß auch mir,
Wie billig, eine Schönheit in dem Kühlen
Wenn ich sie suche gern begegnen mag.

Leonore.
Wir wollen freundlich durch die Finger sehen.

Alphons.
Dagegen wißt ihr daß ich schonen kann.

Prinzessinn *nach der Scene gekehrt.*
Schon lange seh' ich Tasso kommen. Langsam
Bewegt er seine Schritte, steht bisweilen
Auf einmal still, wie unentschlossen, geht
Dann wieder schneller auf uns los, und weilt
Schon wieder.

Alphons.

Stört ihn, wenn er denkt und dichtet,
In seinen Träumen nicht, und laßt ihn wandeln.

Leonore.
Nein, er hat uns gesehn, er kommt hierher.

Dritter Auftritt.

Die Vorigen. Tasso.

Tasso *mit einem Buche in Pergament geheftet.*
Ich komme langsam dir ein Werk zu bringen,
Und zaudre noch es dir zu überreichen.
Ich weiß zu wohl, noch bleibt es unvollendet,
Wenn es auch gleich geendigt scheinen möchte.
Allein, war ich besorgt es unvollkommen
Dir hinzugeben, so bezwingt mich nun
Die neue Sorge: Mocht' ich doch nicht gern
Zu ängstlich, möcht' ich nicht undankbar scheinen.
Und wie der Mensch nur sagen kann: Hier bin ich!
Daß Freunde seiner schonend sich erfreuen:
So kann ich auch nur sagen: Nimm es hin!

Er übergibt den Band.

Alphons.
Du überraschest mich mit deiner Gabe
Und machst mir diesen schönen Tag zum Fest.
So halt' ich's endlich denn in meinen Händen,
Und nenn' es in gewissem Sinne mein!
Lang' wünscht' ich schon, du möchtest dich entschließen
Und endlich sagen: Hier! es ist genug.

Tasso.
Wenn Ihr zufrieden seyd, so ist's vollkommen;
Denn euch gehört es zu in jedem Sinn.
Betrachtet' ich den Fleiß den ich verwendet,
Sah' ich die Züge meiner Feder an;

So konnt' ich sagen: dieses Werk ist mein.
Doch seh' ich näher an, was dieser Dichtung
Den innren Werth und ihre Würde gibt,
Erkenn' ich wohl, ich hab' es nur von euch.
Wenn die Natur der Dichtung holde Gabe
Aus reicher Willkür freundlich mir geschenkt,
So hatte mich das eigensinn'ge Glück
Mit grimmiger Gewalt von sich gestoßen:
Und zog die schöne Welt den Blick des Knaben
Mit ihrer ganzen Fülle herrlich an,
So trübte bald den jugendlichen Sinn
Der theuren Eltern unverdiente Noth.
Eröffnete die Lippe sich zu singen,
So floß ein traurig Lied von ihr herab,
Und ich begleitete mit leisen Tönen
Des Vaters Schmerzen und der Mutter Qual.
Du warst allein der aus dem engen Leben
Zu einer schönen Freyheit mich erhob;
Der jede Sorge mir vom Haupte nahm,
Mir Freyheit gab, daß meine Seele sich
Zu muthigem Gesang entfalten konnte;
Und welchen Preis nun auch mein Werk erhält,
Euch dank' ich ihn, denn Euch gehört es zu.

Alphons.
Zum zweytenmal verdienst du jedes Lob
Und ehrst bescheiden dich und uns zugleich.

Tasso.
O könnt' ich sagen wie ich lebhaft fühle
Daß ich von Euch nur habe was ich bringe!
Der thatenlose Jüngling – nahm er wohl
Die Dichtung aus sich selbst? Die kluge Leitung
Des raschen Krieges – hat er die ersonnen?
Die Kunst der Waffen, die ein jeder Held

An dem beschiednen Tage kräftig zeigt,
Des Feldherrn Klugheit und der Ritter Muth
Und wie sich List und Wachsamkeit bekämpft,
Hast du mir nicht, o kluger tapfrer Fürst,
Das alles eingeflößt als wärest du
Mein Genius, der eine Freude fände
Sein hohes, unerreichbar hohes Wesen
Durch einen Sterblichen zu offenbaren?

Prinzessinn.
Genieße nun des Werks das uns erfreut!

Alphons.
Erfreue dich des Beyfalls jedes Guten.

Leonore.
Des allgemeinen Ruhms erfreue dich.

Tasso.
Mir ist an diesem Augenblick genug.
An euch nur dacht' ich wenn ich sann und schrieb,
Euch zu gefallen war mein höchster Wunsch,
Euch zu ergetzen war mein letzter Zweck.
Wer nicht die Welt in seinen Freunden sieht
Verdient nicht daß die Welt von ihm erfahre.
Hier ist mein Vaterland, hier ist der Kreis
In dem sich meine Seele gern verweilt.
Hier horch' ich auf, hier acht' ich jeden Wink.
Hier spricht Erfahrung, Wissenschaft, Geschmack;
Ja, Welt und Nachwelt seh' ich vor mir stehn.
Die Menge macht den Künstler irr' und scheu:
Nur wer Euch ähnlich ist, versteht und fühlt,
Nur der allein soll richten und belohnen!

Alphons.
Und stellen wir denn Welt und Nachwelt vor,
So ziemt es nicht nur müßig zu empfangen.

Das schöne Zeichen, das den Dichter ehrt,
Das selbst der Held, der seiner stets bedarf,
Ihm ohne Neid um's Haupt gewunden sieht,
Erblick' ich hier auf deines Anherrn Stirne.

Auf die Herme Virgils deutend.

Hat es der Zufall, hat's ein Genius
Geflochten und gebracht? Es zeigt sich hier
Uns nicht umsonst. Virgilen hör' ich sagen:
Was ehret ihr die Todten? Hatten die
Doch ihren Lohn und Freude da sie lebten;
Und wenn ihr uns bewundert und verehrt,
So gebt auch den Lebendigen ihr Theil.
Mein Marmorbild ist schon bekränzt genug,
Der grüne Zweig gehört dem Leben an.

Alphons winkt seiner Schwester; sie nimmt den Kranz von der Büste Virgils und nähert sich Tasso. Er tritt zurück.

Leonore.
Du weigerst dich? Sieh welche Hand den Kranz,
Den schönen unverwelklichen, dir bietet!

Tasso.
O laßt mich zögern, seh' ich doch nicht ein
Wie ich nach dieser Stunde leben soll.

Alphons.
In dem Genuß des herrlichen Besitzes,
Der dich im ersten Augenblick erschreckt.

Prinzessinn *indem sie den Kranz in die Höhe hält*.
Du gönnest mir die seltne Freude, Tasso,
Dir ohne Wort zu sagen wie ich denke.

Tasso.
Die schöne Last aus deinen theuren Händen
Empfang' ich knieend auf mein schwaches Haupt.

Er kniet nieder, die Prinzessinn setzt ihm den Kranz auf.

Leonore *applaudirend.*
Es lebe der zum erstenmal bekränzte!
Wie zieret den bescheidnen Mann der Kranz!

Tasso *steht auf.*

Alphons.
Es ist ein Vorbild nur von jener Krone,
Die auf dem Capitol dich zieren soll.

Prinzessinn.
Dort werden lautere Stimmen dich begrüßen,
Mit leiser Lippe lohnt die Freundschaft hier.

Tasso.
O nehmt ihn weg von meinem Haupte wieder,
Nehmt ihn hinweg! Er sengt mir meine Locken!
Und wie ein Strahl der Sonne, der zu heiß
Das Haupt mir träfe, brennt er mir die Kraft
Des Denkens aus der Stirne. Fieberhitze
Bewegt mein Blut. Verzeiht! Es ist zu viel!

Leonore.
Es schützet dieser Zweig vielmehr das Haupt
Des Manns, der in den heißen Regionen
Des Ruhms zu wandeln hat, und kühlt die Stirne.

Tasso.
Ich bin nicht werth die Kühlung zu empfinden,
Die nur um Heldenstirnen wehen soll.
O hebt ihn auf, ihr Götter, und verklärt
Ihn zwischen Wolken, daß er hoch und höher

Und unerreichbar schwebe! Daß mein Leben
Nach diesem Ziel ein ewig Wandeln sey!

Alphons.
Wer früh erwirbt, lernt früh den hohen Werth
Der holden Güter dieses Lebens schätzen;
Wer früh genießt, entbehrt in seinem Leben
Mit Willen nicht was er einmal besaß;
Und wer besitzt, der, muß gerüstet seyn.

Tasso.
Und wer sich rüsten will, muß eine Kraft
Im Busen fühlen die ihm nie versagt.
Ach! sie versagt mir eben jetzt! Im Glück
Verläßt sie mich, die angeborne Kraft,
Die standhaft mich dem Unglück, stolz dem Unrecht
Begegnen lehrte. Hat die Freude mir,
Hat das Entzücken dieses Augenblicks
Das Mark in meinen Gliedern aufgelös't?
Es sinken meine Kniee! Noch einmal
Siehst du, o Fürstinn, mich gebeugt vor dir!
Erhöre meine Bitte; nimm ihn weg!
Daß wie aus einem schönen Traum erwacht
Ich ein erquicktes neues Leben fühle.

Prinzessinn.
Wenn du bescheiden ruhig das Talent,
Das dir die Götter gaben, tragen kannst,
So lern' auch diese Zweige tragen, die
Das schönste sind was wir dir geben können.
Wem einmal, würdig, sie das Haupt berührt,
Dem schweben sie auf ewig um die Stirne.

Tasso.
So laßt mich denn beschämt von hinnen gehn!
Laßt mich mein Glück im tiefen Hain verbergen,

Wie ich sonst meine Schmerzen dort verbarg.
Dort will ich einsam wandeln, dort erinnert
Kein Auge mich an's unverdiente Glück.
Und zeigt mir ungefähr ein klarer Brunnen
In seinem reinen Spiegel einen Mann,
Der wunderbar bekränzt im Wiederschein
Des Himmels zwischen Bäumen, zwischen Felsen
Nachdenkend ruht: so scheint es mir, ich sehe
Elysium auf dieser Zauberfläche
Gebildet. Still bedenk' ich mich und frage,
Wer mag der Abgeschiedne seyn? Der Jüngling
Aus der vergangnen Zeit? So schön bekränzt?
Wer sagt mir seinen Nahmen? Sein Verdienst?
Ich warte lang' und denke: käme doch
Ein andrer und noch einer, sich zu ihm
In freundlichem Gespräche zu gesellen!
O säh' ich die Heroen, die Poeten
Der alten Zeit um diesen Quell versammelt!
O säh' ich hier sie immer unzertrennlich,
Wie sie im Leben fest verbunden waren!
So bindet der Magnet durch seine Kraft
Das Eisen mit dem Eisen fest zusammen,
Wie gleiches Streben Held und Dichter bindet.
Homer vergaß sich selbst, sein ganzes Leben
War der Betrachtung zweyer Männer heilig,
Und Alexander in Elysium
Eilt den Achill und den Homer zu suchen.
O daß ich gegenwärtig wäre, sie
Die größten Seelen nun vereint zu sehen!

Leonore.

Erwach! Erwache! Laß uns nicht empfinden
Daß du das Gegenwärtge ganz verkennst.

Tasso.
Es ist die Gegenwart die mich erhöht,
Abwesend schein' ich nur, ich bin entzückt.

Prinzessinn.
Ich freue mich, wenn du mit Geistern redest,
Daß du so menschlich sprichst und hör' es gern.

Ein Page tritt zu dem Fürsten und richtet leise etwas aus.

Alphons.
Er ist gekommen! recht zur guten Stunde.
Antonio! – Bring ihn her – Da kommt er schon!

Vierter Auftritt.

Die Vorigen. Antonio.

Alphons.
Willkommen! der du uns zugleich dich selbst
Und gute Bothschaft bringst.

Prinzessinn.
Sey uns gegrüßt!

Antonio.
Kaum wag' ich es zu sagen welch Vergnügen
In eurer Gegenwart mich neu belebt.
Vor euren Augen find' ich alles wieder
Was ich so lang' entbehrt. Ihr scheint zufrieden
Mit dem was ich gethan, was ich vollbracht,
Und so bin ich belohnt für jede Sorge,
Für manchen bald mit Ungeduld durchharrten,
Bald absichtsvoll verlornen Tag. Wir haben
Nun was wir wünschen, und kein Streit ist mehr.

Leonore.
Auch ich begrüße dich, wenn ich schon zürne.
Du kommst nur eben da ich reisen muß.

Antonio.
Damit mein Glück nicht ganz vollkommen werde,
Nimmst du mir gleich den schönen Theil hinweg.

Tasso.
Auch meinen Gruß! Ich hoffe mich der Nähe
Des vielerfahrnen Mannes auch zu freun.

Antonio.
Du wirst mich wahrhaft finden, wenn du je
Aus deiner Welt in meine schauen magst.

Alphons.
Wenn du mir gleich in Briefen schon gemeldet
Was du gethan und wie es dir ergangen;
So hab' ich doch noch manches auszufragen
Durch welche Mittel das Geschäft gelang?
Auf jenem wunderbaren Boden will der Schritt
Wohl abgemessen seyn, wenn er zuletzt
An deinen eignen Zweck dich führen soll.
Wer seines Herren Vortheil rein bedenkt,
Der hat in Rom gar einen schweren Stand:
Denn Rom will Alles nehmen, geben Nichts;
Und kommt man hin um etwas zu erhalten,
Erhält man nichts, man bringe denn was hin,
Und glücklich, wenn man da noch 'was erhält.

Antonio.
Es ist nicht mein Betragen, meine Kunst,
Durch die ich deinen Willen, Herr, vollbracht.
Denn welcher Kluge fänd' im Vatican
Nicht seinen Meister? Vieles traf zusammen
Das ich zu unserm Vortheil nutzen konnte.

Dich ehrt Gregor und grüßt und segnet dich.
Der Greis, der würdigste dem eine Krone
Das Haupt belastet, denkt der Zeit mit Freuden,
Da er in seinen Arm dich schloß. Der Mann
Der Männer unterscheidet, kennt und rühmt
Dich hoch! Um deinetwillen that er viel.

Alphons.

Ich freue seiner guten Meinung mich,
So fern sie redlich ist. Doch weißt du wohl,
Vom Vatican herab sieht man die Reiche
Schon klein genug zu seinen Füßen liegen,
Geschweige denn die Fürsten und die Menschen.
Gestehe nur was dir am meisten half!

Antonio.

Gut! wenn du willst: der hohe Sinn des Pabsts.
Er sieht das Kleine klein, das Große groß.
Damit er einer Welt gebiete, gibt
Er seinen Nachbarn gern und freundlich nach.
Das Streifchen Land, das er dir überläßt,
Weiß er, wie deine Freundschaft, wohl zu schätzen.
Italien soll ruhig seyn, er will
In seiner Nähe Freunde sehen, Friede
Bey seinen Gränzen halten, daß die Macht
Der Christenheit, die er gewaltig lenkt,
Die Türken da, die Ketzer dort vertilge.

Prinzessinn.

Weiß man die Männer, die er mehr als andre
Begünstigt, die sich ihm vertraulich nahn?

Antonio.

Nur der erfahrne Mann besitzt sein Ohr,
Der thätige sein Zutraun, seine Gunst.
Er, der von Jugend auf dem Staat gedient,

Beherrscht ihn jetzt und wirkt auf jene Höfe,
Die er vor Jahren als Gesandter schon
Gesehen und gekannt und oft gelenkt.
Es liegt die Welt so klar vor seinem Blick
Als wie der Vortheil seines eignen Staats.
Wenn man ihn handeln sieht, so lobt man ihn
Und freut sich, wenn die Zeit entdeckt was er
Im Stillen lang bereitet und vollbracht.
Es ist kein schönrer Anblick in der Welt
Als einen Fürsten sehn der klug regiert;
Das Reich zu sehn, wo jeder stolz gehorcht,
Wo jeder sich nur selbst zu dienen glaubt
Weil ihm das Rechte nur befohlen wird.

Leonore.
Wie sehnlich wünscht' ich jene Welt einmal
Recht nah zu sehn!

Alphons. Doch wohl um mit zu wirken
Denn bloß beschaun wird Leonore nie.
Es wäre doch recht artig, meine Freundinn,
Wenn in das große Spiel wir auch zuweilen
Die zarten Hände mischen könnten – Nicht?

Leonore *zu Alphons.*
Du willst mich reitzen, es gelingt dir nicht.

Alphons.
Ich bin dir viel von andern Tagen schuldig.

Leonore.
Nun gut, so bleib' ich heut in deiner Schuld!
Verzeih' und störe meine Fragen nicht.

Zu Antonio.

Hat er für die Nipoten viel gethan?

Antonio.
Nicht weniger noch mehr als billig ist.
Ein Mächtiger, der für die Seinen nicht
Zu sorgen weiß, wird von dem Volke selbst
Getadelt. Still und mäßig weiß Gregor
Den Seinigen zu nutzen, die dem Staat
Als wackre Männer dienen, und erfüllt
Mit Einer Sorge zwey verwandte Pflichten.

Tasso.
Erfreut die Wissenschaft, erfreut die Kunst
Sich seines Schutzes auch? und eifert er
Den großen Fürsten alter Zeiten nach?

Antonio.
Er ehrt die Wissenschaft, so fern sie nutzt,
Den Staat regieren, Völker kennen lehrt;
Er schätzt die Kunst, so fern sie ziert, sein Rom
Verherrlicht, und Pallast und Tempel
Zu Wunderwerken dieser Erde macht.
In seiner Nähe darf nichts müßig seyn!
Was gelten soll, muß wirken und muß dienen.

Alphons.
Und glaubst du, daß wir das Geschäfte bald
Vollenden können? daß sie nicht zuletzt
Noch hie und da uns Hindernisse streuen?

Antonio.
Ich müßte sehr mich irren, wenn nicht gleich
Durch deinen Nahmenszug, durch wenig Briefe
Auf immer dieser Zwist gehoben wäre.

Alphons.
So lob' ich diese Tage meines Lebens
Als eine Zeit des Glückes und Gewinns.
Erweitert seh' ich meine Gränze, weiß

Sie für die Zukunft sicher. Ohne Schwertschlag
Hast du's geleistet, eine Bürgerkrone
Dir wohl verdient. Es sollen unsre Frauen
Vom ersten Eichenlaub am schönsten Morgen
Geflochten dir sie um die Stirne legen.
Indessen hat mich Tasso auch bereichert;
Er hat Jerusalem für uns erobert,
Und so die neue Christenheit beschämt;
Ein weit entferntes, hoch gestecktes Ziel
Mit frohem Muth und strengem Fleiß erreicht.
Für seine Mühe siehst du ihn gekrönt.

Antonio.
Du lösest mir ein Räthsel. Zwey Bekränzte
Erblickt' ich mit Verwundrung da ich kam.

Tasso.
Wenn du mein Glück vor deinen Augen siehst;
So wünscht' ich, daß du mein beschämt Gemüth
Mit eben diesem Blicke schauen könntest.

Antonio.
Mir war es lang' bekannt, daß im Belohnen
Alphons unmäßig ist, und du erfährst
Was jeder von den Seinen schon erfuhr.

Prinzessinn.
Wenn du erst siehst was er geleistet hat,
So wirst du uns gerecht und mäßig finden.
Wir sind nur hier die ersten stillen Zeugen
Des Beyfalls, den die Welt ihm nicht versagt,
Und den ihm zehnfach künft'ge Jahre gönnen.

Antonio.
Er ist durch euch schon seines Ruhms gewiß.
Wer dürfte zweifeln, wo Ihr preisen könnt?

Doch sage mir, wer druckte diesen Kranz
Auf Ariostens Stirne?

Leonore.

Diese Hand.

Antonio.
Und sie hat wohl gethan! Er ziert ihn schön,
Als ihn der Lorber selbst nicht zieren würde.
Wie die Natur die innig reiche Brust
Mit einem grünen, bunten Kleide deckt,
So hüllt er alles was den Menschen nur
Ehrwürdig, liebenswürdig machen kann,
In's blühende Gewand der Fabel ein.
Zufriedenheit, Erfahrung und Verstand
Und Geisteskraft, Geschmack und reiner Sinn
Für's wahre Gute, geistig scheinen sie
In seinen Liedern und persönlich doch
Wie unter Blüthen-Bäumen auszuruhn,
Bedeckt vom Schnee der leicht getragnen Blüthen,
Umkränzt von Rosen, wunderlich umgaukelt
Vom losen Zauberspiel der Amoretten.
Der Quell des Ueberflusses rauscht darneben,
Und läßt uns bunte Wunderfische sehn.
Von seltenem Geflügel ist die Luft,
Von fremden Herden Wies' und Busch erfüllt,
Die Schalkheit lauscht im Grünen halb versteckt,
Die Weisheit läßt von einer goldnen Wolke
Von Zeit zu Zeit erhabne Sprüche tönen,
Indeß auf wohl gestimmter Laute wild
Der Wahnsinn hin und her zu wühlen scheint
Und doch im schönsten Tact sich mäßig hält.
Wer neben diesem Mann sich wagen darf,
Verdient für seine Kühnheit schon den Kranz.

Vergebt, wenn ich mich selbst begeistert fühle,
Wie ein Verzückter weder Zeit noch Ort,
Noch was ich sage wohl bedenken kann;
Denn alle diese Dichter, diese Kränze,
Das seltne festliche Gewand der Schönen
Versetzt mich aus mir selbst in fremdes Land.

Prinzessinn.
Wer Ein Verdienst so wohl zu schätzen weiß,
Der wird das andre nicht verkennen. Du
Sollst uns dereinst in Tasso's Liedern zeigen
Was wir gefühlt und was nur du erkennst.

Alphons.
Komm mit, Antonio! manches hab' ich noch,
Worauf ich sehr begierig bin, zu fragen.
Dann sollst du bis zum Untergang der Sonne
Den Frauen angehören. Komm! Lebt wohl.

Dem Fürsten folgt Antonio, den Damen Tasso.

Zweyter Aufzug.

Erster Auftritt.

Saal.

Prinzessinn. Tasso.

Tasso.
Unsicher folgen meine Schritte dir,
O Fürstinn, und Gedanken ohne Maß
Und Ordnung regen sich in meiner Seele.
Mir scheint die Einsamkeit zu winken, mich

Gefällig anzulispeln: komm, ich löse
Die neu erregten Zweifel deiner Brust.
Doch werf' ich einen Blick auf dich, vernimmt
Mein horchend Ohr ein Wort von deiner Lippe,
So wird ein neuer Tag um mich herum
Und alle Bande fallen von mir los.
Ich will dir gern gestehn, es hat der Mann,
Der unerwartet zu uns trat, nicht sanft
Aus einem schönen Traum mich aufgeweckt;
Sein Wesen, seine Worte haben mich
So wunderbar getroffen, daß ich mehr
Als je mich doppelt fühle, mit mir selbst
Auf's neu' in streitender Verwirrung bin.

Prinzessinn.
Es ist unmöglich, daß ein alter Freund,
Der lang' entfernt ein fremdes Leben führte,
Im Augenblick da er uns wiedersieht
Sich wieder gleich wie ehmals finden soll.
Er ist in seinem Innern nicht verändert;
Laß uns mit ihm nur wenig Tage leben,
So stimmen sich die Saiten hin und wieder,
Bis glücklich eine schöne Harmonie
Auf's neue sie verbindet. Wird er dann
Auch näher kennen was du diese Zeit
Geleistet hast: so stellt er dich gewiß
Dem Dichter an die Seite, den er jetzt
Als einen Riesen dir entgegen stellt.

Tasso.
Ach meine Fürstinn, Ariostens Lob
Aus seinem Munde hat mich mehr ergetzt
Als daß es mich beleidigt hätte. Tröstlich
Ist es für uns den Mann gerühmt zu wissen,
Der als ein großes Muster vor uns steht.

Wir können uns im stillen Herzen sagen:
Erreichst du einen Theil von seinem Werth,
Bleibt dir ein Theil auch seines Ruhms gewiß.
Nein, was das Herz im tiefsten mir bewegte,
Was mir noch jetzt die ganze Seele füllt,
Es waren die Gestalten jener Welt,
Die sich lebendig, rastlos, ungeheuer
Um Einen großen, einzig klugen Mann
Gemessen dreht und ihren Lauf vollendet,
Den ihr der Halbgott vorzuschreiben wagt.
Begierig horcht' ich auf, vernahm mit Lust
Die sichern Worte des erfahrnen Mannes;
Doch ach! je mehr ich horchte, mehr und mehr
Versank ich vor mir selbst, ich fürchtete
Wie Echo an den Felsen zu verschwinden,
Ein Wiederhall, ein Nichts mich zu verlieren.

Prinzessinn.

Und schienst noch kurz vorher so rein zu fühlen,
Wie Held und Dichter für einander leben,
Wie Held und Dichter sich einander suchen,
Und keiner je den andern neiden soll?
Zwar herrlich ist die liedeswerthe That,
Doch schön ist's auch, der Thaten stärkste Fülle
Durch würd'ge Lieder auf die Nachwelt bringen.
Begnüge dich aus einem kleinen Staate,
Der dich beschützt, dem wilden Lauf der Welt,
Wie von dem Ufer, ruhig zuzusehn.

Tasso.

Und sah' ich hier mit Staunen nicht zuerst,
Wie herrlich man den tapfern Mann belohnt?
Als unerfahrner Knabe kam ich her,
In einem Augenblick, da Fest auf Fest
Ferrara zu dem Mittelpunct der Ehre

Zu machen schien. O! welcher Anblick war's!
Den weiten Platz, auf dem in ihrem Glanze
Gewandte Tapferkeit sich zeigen sollte,
Umschloß ein Kreis, wie ihn die Sonne nicht
So bald zum zweytenmal bescheinen wird.
Es saßen hier gedrängt die schönsten Frauen,
Gedrängt die ersten Männer unsrer Zeit.
Erstaunt durchlief der Blick die edle Menge;
Man rief: Sie alle hat das Vaterland,
Das Eine, schmale, meerumgebne Land,
Hierher geschickt. Zusammen bilden sie
Das herrlichste Gericht, das über Ehre,
Verdienst und Tugend je entschieden hat.
Gehst du sie einzeln durch, du findest keinen,
Der seines Nachbarn sich zu schämen brauche! –
Und dann eröffneten die Schranken sich.
Da stampften Pferde, glänzten Helm und Schilde,
Da drängten sich die Knappen, da erklang
Trompetenschall, und Lanzen krachten splitternd,
Getroffen tönten Helm und Schilde, Staub,
Auf einen Augenblick, umhüllte wirbelnd
Des Siegers Ehre, des Besiegten Schmach.
O laß mich einen Vorhang vor das ganze,
Mir allzu helle Schauspiel ziehen, daß
In diesem schönen Augenblicke mir
Mein Unwerth nicht zu heftig fühlbar werde.

Prinzessinn.

Wenn jener edle Kreis, wenn jene Thaten
Zu Müh und Streben damals dich entflammten,
So konnt' ich, junger Freund, zu gleicher Zeit
Der Duldung stille Lehre dir bewähren.
Die Feste, die du rühmst, die hundert Zungen
Mir damals priesen und mir manches Jahr

Nachher gepriesen haben, sah' ich nicht.
Am stillen Ort wohin kaum unterbrochen
Der letzte Wiederhall der Freude sich
Verlieren konnte, mußt' ich manche Schmerzen
Und manchen traurigen Gedanken leiden.
Mit breiten Flügeln schwebte mir das Bild
Des Todes vor den Augen, deckte mir
Die Aussicht in die immer neue Welt.
Nur nach und nach entfernt' es sich, und ließ
Mich, wie durch einen Flor, die bunten Farben
Des Lebens, blaß doch angenehm, erblicken.
Ich sah' lebend'ge Formen wieder sanft sich regen.
Zum erstenmal trat ich, noch unterstützt
Von meinen Frauen, aus dem Krankenzimmer,
Da kam Lukretia voll frohen Lebens
Herbey und führte dich an ihrer Hand.
Du warst der erste, der im neuen Leben
Mir neu und unbekannt entgegen trat.
Da hofft' ich viel für dich und mich, auch hat
Uns bis hierher die Hoffnung nicht betrogen.

Tasso.

Und ich, der ich betäubt von dem Gewimmel
Des drängenden Gewühls, von so viel Glanz
Geblendet, und von mancher Leidenschaft
Bewegt, durch stille Gänge des Pallasts
An deiner Schwester Seite schweigend ging,
Dann in das Zimmer trat, wo du uns bald
Auf deine Frau'n gelehnt erschienest – Mir
Welch ein Moment war dieser! O! Vergib!
Wie den Bezauberten von Rausch und Wahn
Der Gottheit Nähe leicht und willig heilt;
So war auch ich von aller Phantasie,
Von jeder Sucht, von jedem falschen Triebe

Mit Einem Blick in deinen Blick geheilt.
Wenn unerfahren die Begierde sich
Nach tausend Gegenständen sonst verlor,
Trat ich beschämt zuerst in mich zurück,
Und lernte nun das Wünschenswerthe kennen.
So sucht man in dem weiten Sand des Meers
Vergebens eine Perle, die verborgen
In stillen Schalen eingeschlossen ruht.

Prinzessinn.
Es fingen schöne Zeiten damals an,
Und hätt' uns nicht der Herzog von Urbino
Die Schwester weggeführt, uns wären Jahre
Im schönen ungetrübten Glück verschwunden.
Doch leider jetzt vermissen wir zu sehr
Den frohen Geist, die Brust voll Muth und Leben,
Den reichen Witz der liebenswürd'gen Frau.

Tasso.
Ich weiß es nur zu wohl, seit jenem Tage
Da sie von hinnen schied, vermochte dir
Die reine Freude niemand zu ersetzen.
Wie oft zerriß es meine Brust! Wie oft
Klagt' ich dem stillen Hain mein Leid um dich!
Ach! rief ich aus, hat denn die Schwester nur
Das Glück, das Recht, der Theuern viel zu seyn?
Ist denn kein Herz mehr werth, daß sie sich ihm
Vertrauen dürfte, kein Gemüth dem ihren
Mehr gleich gestimmt? Ist Geist und Witz verloschen?
Und war die Eine Frau, so trefflich sie
Auch war, denn alles? Fürstinn! o verzeih'!
Da dacht' ich manchmal an mich selbst und wünschte
Dir etwas seyn zu können. Wenig nur,
Doch etwas, nicht mit Worten, mit der That
Wünscht' ich's zu seyn, im Leben dir zu zeigen,

Wie sich mein Herz im Stillen dir geweiht.
Doch es gelang mir nicht, und nur zu oft
That ich im Irrthum was dich schmerzen mußte,
Beleidigte den Mann, den du beschütztest,
Verwirrte unklug was du lösen wolltest,
Und fühlte so mich stets im Augenblick,
Wenn ich mich nahen wollte, fern und ferner.

Prinzessinn.
Ich habe, Tasso, deinen Willen nie
Verkannt, und weiß wie du dir selbst zu schaden
Geschäftig bist. Anstatt daß meine Schwester
Mit jeden, wie er sey, zu leben weiß,
So kannst du selbst nach vielen Jahren kaum
In einen Freund dich finden.

Tasso.

Tadle mich!
Doch sage mir hernach, wo ist der Mann?
Die Frau? mit der ich wie mit dir
Aus freyem Busen wagen darf zu reden.

Prinzessinn.
Du solltest meinem Bruder dich vertraun.

Tasso.
Er ist mein Fürst! – Doch glaube nicht, daß mir
Der Freyheit wilder Trieb den Busen blähe.
Der Mensch ist nicht geboren frey zu seyn,
Und für den Edeln ist kein schöner Glück,
Als einen Fürsten, den er ehrt, zu dienen.
Und so ist er mein Herr, und ich empfinde
Den ganzen Umfang dieses großen Worts.
Nun muß ich schweigen lernen wenn er spricht,
Und thun wenn er gebiethet, mögen auch
Verstand und Herz ihm lebhaft widersprechen.

Prinzessinn.

Das ist der Fall bey meinem Bruder nie.
Und nun, da wir Antonio wieder haben,
Ist dir ein neuer kluger Freund gewiß.

Tasso.

Ich hofft' es ehmals, jetzt verzweifl' ich fast.
Wie lehrreich wäre mir sein Umgang, nützlich
Sein Rath in tausend Fällen! Er besitzt,
Ich mag wohl sagen, alles was mir fehlt.
Doch – haben alle Götter sich versammelt
Geschenke seiner Wiege darzubringen?
Die Grazien sind leider ausgeblieben,
Und wem die Gaben dieser Holden fehlen,
Der kann zwar viel besitzen, vieles geben,
Doch läßt sich nie an seinem Busen ruhn.

Prinzessinn.

Doch läßt sich ihm vertraun, und das ist viel.
Du mußt von Einem Mann nicht alles fordern,
Und dieser leistet was er dir verspricht.
Hat er sich erst für deinen Freund erklärt,
So sorgt er selbst für dich wo du dir fehlst.
Ihr müßt verbunden seyn! Ich schmeichle mir
Dieß schöne Werk in kurzem zu vollbringen.
Nur widerstehe nicht wie du es pflegst!
So haben wir Lenoren lang' besessen,
Die fein und zierlich ist, mit der es leicht
Sich leben läßt; auch dieser hast du nie,
Wie sie es wünschte, näher treten wollen.

Tasso.

Ich habe dir gehorcht, sonst hätt' ich mich
Von ihr entfernt anstatt mich ihr zu nahen.
So liebenswürdig sie erscheinen kann,

Ich weiß nicht wie es ist, konnt' ich nur selten
Mit ihr ganz offen seyn, und wenn sie auch
Die Absicht hat, den Freunden wohlzuthun,
So fühlt man Absicht und man ist verstimmt.

Prinzessinn.
Auf diesem Wege werden wir wohl nie
Gesellschaft finden, Tasso! Dieser Pfad
Verleitet uns durch einsames Gebüsch,
Durch stille Thäler fortzuwandern; mehr
Und mehr verwöhnt sich das Gemüth, und strebt
Die goldne Zeit, die ihm von außen mangelt,
In seinem Innern wieder herzustellen,
So wenig der Versuch gelingen will.

Tasso.
O welches Wort spricht meine Fürstinn aus!
Die goldne Zeit wohin ist sie geflohn?
Nach der sich jedes Herz vergebens sehnt!
Da auf der freyen Erde Menschen sich
Wie frohe Herden im Genuß verbreiteten;
Da ein uralter Baum auf bunter Wiese
Dem Hirten und der Hirtinn Schatten gab,
Ein jüngeres Gebüsch die zarten Zweige
Um sehnsuchtsvolle Liebe traulich schlang;
Wo klar und still auf immer reinem Sande
Der weiche Fluß die Nymphe sanft umfing;
Wo in dem Grase die gescheuchte Schlange
Unschädlich sich verlor, der kühne Faun
Vom tapfern Jüngling bald bestraft entfloh;
Wo jeder Vogel in der freyen Luft
Und jedes Thier durch Berg und Thäler schweifend
Zum Menschen sprach: erlaubt ist was gefällt.

Prinzessinn.
Mein Freund, die goldne Zeit ist wohl vorbey:
Allein die Guten bringen sie zurück;
Und soll ich dir gestehen wie ich denke,
Die goldne Zeit, womit der Dichter uns
Zu schmeicheln pflegt, die schöne Zeit, sie war,
So scheint es mir, so wenig als sie ist,
Und war sie je, so war sie nur gewiß,
Wie sie uns immer wieder werden kann.
Noch treffen sich verwandte Herzen an
Und theilen den Genuß der schönen Welt;
Nur in dem Wahlspruch ändert sich, mein Freund,
Ein einzig Wort: erlaubt ist was sich ziemt.

Tasso.
O wenn aus guten, edlen Menschen nur
Ein allgemein Gericht bestellt entschiede,
Was sich denn ziemt! Anstatt daß jeder glaubt,
Es sey auch schicklich was ihm nützlich ist.
Wir sehn ja, dem Gewaltigen, dem Klugen
Steht alles wohl, und er erlaubt sich alles.

Prinzessinn.
Willst du genau erfahren was sich ziemt;
So frage nur bey edlen Frauen an.
Denn ihnen ist am meisten dran gelegen,
Daß alles wohl sich zieme was geschieht.
Die Schicklichkeit umgibt mit einer Mauer
Das zarte leicht verletzliche Geschlecht.
Wo Sittlichkeit regiert, regieren sie,
Und wo die Frechheit herrscht, da sind sie nichts.
Und wirst du die Geschlechter beyde fragen:
Nach Freyheit strebt der Mann, das Weib nach Sitte.

Tasso.
Du nennest uns unbändig, roh, gefühllos?

Prinzessinn.
Nicht das! Allein ihr strebt nach fernen Gütern,
Und euer Streben muß gewaltsam seyn.
Ihr wagt es, für die Ewigkeit zu handeln,
Wenn wir ein einzig nah beschränktes Gut
Auf dieser Erde nur besitzen möchten,
Und wünschen, daß es uns beständig bliebe.
Wir sind von keinem Männerherzen sicher,
Das noch so warm sich einmal uns ergab.
Die Schönheit ist vergänglich, die ihr doch
Allein zu ehren scheint. Was übrig bleibt,
Das reitzt nicht mehr, und was nicht reitzt, ist todt.
Wenn's Männer gäbe, die ein weiblich Herz
Zu schätzen wüßten, die erkennen möchten,
Welch einen holden Schatz von Treu' und Liebe
Der Busen einer Frau bewahren kann,
Wenn das Gedächtniß einzig schöner Stunden
In euren Seelen lebhaft bleiben wollte,
Wenn euer Blick, der sonst durchdringend ist,
Auch durch den Schleyer dringen könnte, den
Uns Alter oder Krankheit überwirft,
Wenn der Besitz, der ruhig machen soll,
Nach fremden Gütern euch nicht lüstern machte:
Dann wär' uns wohl ein schöner Tag erschienen,
Wir feierten dann unsre goldne Zeit.

Tasso.
Du sagst mir Worte, die in meiner Brust
Halb schon entschlafne Sorgen mächtig regen.

Prinzessinn.
Was meinst du, Tasso? rede frey mit mir.

Tasso.
Oft hört' ich schon, und diese Tage wieder
Hab' ich's gehört, ja hätt' ich's nicht vernommen,
So müßt' ich's denken: edle Fürsten streben
Nach deiner Hand! Was wir erwarten müssen,
Das fürchten wir und möchten schier verzweifeln,
Verlassen wirst du uns, es ist natürlich;
Doch wie wir's tragen wollen, weiß ich nicht.

Prinzessinn.
Für diesen Augenblick seyd unbesorgt!
Fast möcht' ich sagen: unbesorgt für immer.
Hier bin ich gern und gerne mag ich bleiben;
Noch weiß ich kein Verhältniß, das mich lockte;
Und wenn ihr mich denn ja behalten wollt,
So laßt es mir durch Eintracht sehn, und schafft
Euch selbst ein glücklich Leben, mir durch euch.

Tasso.
O lehre mich das Mögliche zu thun!
Gewidmet sind dir alle meine Tage.
Wenn dich zu preisen, dir zu danken sich
Mein Herz entfaltet, dann empfind' ich erst
Das reinste Glück, das Menschen fühlen können.
Das göttlichste erfuhr ich nur in dir.
So unterscheiden sich die Erdengötter
Vor andern Menschen, wie das hohe Schicksal
Vom Rath und Willen selbst der klügsten Männer
Sich unterscheidet. Vieles lassen sie,
Wenn wir gewaltsam Wog' auf Woge sehn,
Wie leichte Wellen, unbemerkt vorüber
Vor ihren Füßen rauschen, hören nicht
Den Sturm, der uns umsaus't und niederwirft,
Vernehmen unser Flehen kaum, und lassen,
Wie wir beschränkten armen Kindern thun,

Mit Seufzern und Geschrey die Luft uns füllen.
Du hast mich oft, o Göttliche, geduldet,
Und wie die Sonne, trocknete dein Blick
Den Thau von meinen Augenliedern ab.

Prinzessinn.

Es ist sehr billig, daß die Frauen dir
Auf's freundlichste begegnen, es verherrlicht
Dein Lied auf manche Weise das Geschlecht.
Zart oder tapfer, hast du stets gewußt
Sie liebenswerth und edel vorzustellen:
Und wenn Armide hassenswerth erscheint,
Versöhnt ihr Reitz und ihre Liebe bald.

Tasso.

Was auch in meinem Liede wiederklingt,
Ich bin nur Einer, Einer alles schuldig!
Es schwebt kein geistig unbestimmtes Bild
Vor meiner Stirne, das der Seele bald
Sich überglänzend nahte, bald entzöge.
Mit meinen Augen hab' ich es gesehn,
Das Urbild jeder Tugend, jeder Schöne;
Was ich nach ihm gebildet, das wird bleiben:
Tancredens Heldenliebe zu Chlorinden,
Erminiens stille nicht bemerkte Treue,
Sophroniens Großheit und Olindens Noth.
Es sind nicht Schatten, die der Wahn erzeugte,
Ich weiß es, sie sind ewig, denn sie sind.
Und was hat mehr das Recht, Jahrhunderte
Zu bleiben und im Stillen fortzuwirken,
Als das Geheimniß einer edlen Liebe,
Dem holden Lied bescheiden anvertraut?

Prinzessinn.

Und soll ich dir noch einen Vorzug sagen,

Den unvermerkt sich dieses Lied erschleicht?
Es lockt uns nach und nach, wir hören zu,
Wir hören und wir glauben zu verstehn,
Was wir verstehn, das können wir nicht tadeln,
Und so gewinnt uns dieses Lied zuletzt.

Tasso.
Welch einen Himmel öffnest du vor mir,
O Fürstinn! Macht mich dieser Glanz nicht blind,
So seh' ich unverhofft ein ewig Glück
Auf goldnen Strahlen herrlich niedersteigen.

Prinzessinn.
Nicht weiter, Tasso! Viele Dinge sind's,
Die wir mit Heftigkeit ergreifen sollen:
Doch andre können nur durch Mäßigung
Und durch Entbehren unser eigen werden.
So sagt man, sey die Tugend, sey die Liebe,
Die ihr verwandt ist. Das bedenke wohl!

Zweyter Auftritt.

Tasso.
Ist dir's erlaubt die Augen aufzuschlagen?
Wagst du's umherzusehn? Du bist allein!
Vernahmen diese Säulen was sie sprach?
Und hast du Zeugen, diese stumme Zeugen
Des höchsten Glücks zu fürchten? Es erhebt
Die Sonne sich des neuen Lebenstages,
Der mit den vorigen sich nicht vergleicht.
Hernieder steigend hebt die Göttinn schnell
Den Sterblichen hinauf. Welch neuer Kreis
Entdeckt sich meinem Auge, welches Reich!
Wie köstlich wird der heiße Wunsch belohnt!

Ich träumte mich dem höchsten Glücke nah,
Und *dieses* Glück ist über alle Träume.
Der Blindgeborne denke sich das Licht,
Die Farben wie er will, erscheinet ihm
Der neue Tag, ist's ihm ein neuer Sinn.
Voll Muth und Ahndung, freudetrunken, schwankend
Betret' ich diese Bahn. Du gibst mir viel,
Du gibst, wie Erd' und Himmel uns Geschenke
Mit vollen Händen übermäßig reichen,
Und forderst wieder, was von mir zu fordern
Nur eine solche Gabe dich berechtigt.
Ich soll entbehren, soll mich mäßig zeigen,
Und so verdienen, daß du mir vertraust.
Was that ich je, daß sie mich wählen konnte?
Was soll ich thun, um ihrer werth zu seyn?
Sie konnte dir vertraun und dadurch bist du's.
Ja, Fürstinn, deinen Worten, deinen Blicken
Sey ewig meine Seele ganz geweiht!
Ja, fordre was du willst, denn ich bin dein!
Sie sende mich, Müh' und Gefahr und Ruhm
In fernen Landen aufzusuchen, reiche
Im stillen Hain die goldne Leyer mir,
Sie weihe mich der Ruh' und ihrem Preis:
Ihr bin ich, bildend soll sie mich besitzen;
Mein Herz bewahrte jeden Schatz für Sie.
O hätt' ein tausendfaches Werkzeug mir
Ein Gott gegönnt, kaum drückt' ich dann genug
Die unaussprechliche Verehrung aus.
Des Mahlers Pinsel und des Dichters Lippe,
Die süßeste, die je von frühem Honig
Genährt war, wünscht' ich mir. Nein, künftig soll
Nicht Tasso zwischen Bäumen, zwischen Mensch
Sich einsam, schwach und trübgesinnt verlieren!
Er ist nicht mehr allein, er ist mit Dir.

O daß die edelste der Thaten sich
Hier sichtbar vor mich stellte, rings umgeben
Von gräßlicher Gefahr! Ich dränge zu
Und wagte gern das Leben, das ich nun
Von ihren Händen habe – forderte
Die besten Menschen mir zu Freunden auf,
Unmögliches mit einer edeln Schaar
Nach Ihrem Wink und Willen zu vollbringen.
Voreiliger, warum verbarg dein Mund
Nicht das was du empfandst, bis du dich werth
Und werther ihr zu Füßen legen konntest?
Das war dein Vorsatz, war dein kluger Wunsch.
Doch sey es auch! Viel schöner ist es, rein
Und unverdient ein solch Geschenk empfangen,
Als halb und halb zu wähnen, daß man wohl
Es habe fordern dürfen. Blicke freudig,
Es ist so groß, so weit, was vor dir liegt!
Und hoffnungsvolle Jugend lockt dich wieder
In unbekannte, lichte Zukunft hin.
– Schwelle Brust! – O Witterung des Glücks
Begünst'ge diese Pflanze doch einmal!
Sie strebt gen Himmel, tausend Zweige dringen
Aus ihr hervor, entfalten sich zu Blüthen.
O daß sie Furcht, o daß sie Freuden bringe!
Daß eine liebe Hand den goldnen Schmuck
Aus ihren frischen reichen Ästen breche!

Dritter Auftritt.

Tasso. Antonio.

Tasso.
Sey mir willkommen, den ich gleichsam jetzt
Zum erstenmal erblicke! Schöner ward
Kein Mann mir angekündigt. Sey willkommen!
Dich kenn' ich nun und deinen ganzen Werth,
Dir biet' ich ohne Zögern Herz und Hand,
Und hoffe, daß auch du mich nicht verschmähst.

Antonio.
Freygebig bietest du mir schöne Gaben,
Und ihren Werth erkenn' ich wie ich soll,
Drum laß mich zögern eh' ich sie ergreife.
Weiß ich doch nicht, ob ich dir auch dagegen
Ein gleiches geben kann. Ich möchte gern
Nicht übereilt und nicht undankbar scheinen:
Laß mich für beyde klug und sorgsam seyn.

Tasso.
Wer wird die Klugheit tadeln? Jeder Schritt
Des Lebens zeigt wie sehr sie nöthig sey;
Doch schöner ist's, wenn uns die Seele sagt
Wo wir der feinen Vorsicht nicht bedürfen.

Antonio.
Darüber frage jeder sein Gemüth,
Weil er den Fehler selbst zu büßen hat.

Tasso.
So sey's! Ich habe meine Pflicht gethan,
Der Fürstinn Wort, die uns zu Freunden wünscht,
Hab' ich verehrt und mich dir vorgestellt.
Rückhalten durft' ich nicht, Antonio; doch gewiß,
Zudringen will ich nicht. Es mag denn seyn.

Zeit und Bekanntschaft heißen dich vielleicht
Die Gabe wärmer fodern, die du jetzt
So kalt bey Seite lehnst und fast verschmähst.

Antonio.
Der Mäßige wird öfters kalt genannt
Von Menschen, die sich warm vor andern glauben,
Weil sie die Hitze fliegend überfällt.

Tasso.
Du tadelst was ich tadle, was ich melde.
Auch ich verstehe wohl, so jung ich bin,
Der Heftigkeit die Dauer vorzuziehn.

Antonio.
Sehr weislich! Bleibe stets auf diesem Sinne.

Tasso.
Du bist berechtigt mir zu rathen, mich
Zu warnen, denn es steht Erfahrung dir
Als lang' erprobte Freundinn an der Seite.
Doch glaube nur, es horcht ein stilles Herz
Auf jedes Tages, jeder Stunde Warnung,
Und übt sich ingeheim an jedem Guten,
Das deine Strenge neu zu lehren glaubt.

Antonio.
Es ist wohl angenehm, sich mit sich selbst
Beschäft'gen, wenn es nur so nützlich wäre.
Inwendig lernt kein Mensch sein Innerstes
Erkennen. Denn er mißt nach eignem Maß
Sich bald zu klein und leider oft zu groß.
Der Mensch erkennt sich nur im Menschen, nur
Das Leben lehret jedem was er sey.

Tasso.
Mit Beyfall und Verehrung hör' ich dich.

Antonio.

Und dennoch denkst du wohl bey diesen Worten
Ganz etwas anders, als ich sagen will.

Tasso.

Auf diese Weise rücken wir nicht näher.
Es ist nicht klug, es ist nicht wohl gethan,
Vorsetzlich einen Menschen zu verkennen,
Er sey auch wer er sey. Der Fürstinn Wort
Bedurft' es kaum, leicht hab' ich dich erkannt:
Ich weiß, daß du das Gute willst und schaffst.
Dein eigen Schicksal läßt dich unbesorgt,
An Andre denkst du, Andern stehst du bey,
Und auf des Lebens leicht bewegter Woge
Bleibt dir ein stetes Herz. So seh' ich dich.
Und was wär' ich, ging ich dir nicht entgegen?
Sucht' ich begierig nicht auch einen Theil
An dem verschloßnen Schatz, den du bewahrst?
Ich weiß, es reut dich nicht, wenn du dich öffnest;
Ich weiß, du bist mein Freund, wenn du mich kennst:
Und eines solchen Freunds bedurft' ich lange.
Ich schäme mich der Unerfahrenheit
Und meiner Jugend nicht. Still ruhet noch
Der Zukunft goldne Wolke mir um's Haupt.
O nimm mich, edler Mann, an deine Brust,
Und weihe mich, den Raschen, Unerfahrnen,
Zum mäßigen Gebrauch des Lebens ein.

Antonio.

In Einem Augenblicke forderst du,
Was wohlbedächtig nur die Zeit gewährt.

Tasso.

In Einem Augenblick gewährt die Liebe,
Was Mühe kaum in langer Zeit erreicht.

Ich bitt' es nicht von dir, ich darf es fodern.
Dich ruf ich in der Tugend Namen auf,
Die gute Menschen zu verbinden eifert.
Und soll ich dir noch einen Namen nennen?
Die Fürstinn hofft's, Sie will's – Eleonore,
Sie will mich zu dir führen, dich zu mir.
O laß uns ihrem Wunsch entgegen gehn!
Laß uns verbunden vor die Göttinn treten,
Ihr unsern Dienst, die ganze Seele biethen,
Vereint für sie das Würdigste zu thun.
Noch einmal! – Hier ist meine Hand! Schlag' ein!
Tritt nicht zurück und weigre dich nicht länger,
O edler Mann, und gönne mir die Wollust,
Die schönste guter Menschen, sich dem Bessern
Vertrauend ohne Rückhalt hinzugeben!

Antonio.
Du gehst mit vollen Segeln! Scheint es doch,
Du bist gewohnt zu siegen, überall
Die Wege breit, die Pforten weit zu finden.
Ich gönne jeden Werth und jedes Glück
Dir gern, allein ich sehe nur zu sehr,
Wir stehn zu weit noch von einander ab.

Tasso.
Es sey an Jahren, an geprüftem Werth:
An frohem Muth und Willen weich' ich keinem.

Antonio.
Der Wille lockt die Thaten nicht herbey;
Der Muth stellt sich die Wege kürzer vor.
Wer angelangt am Ziel ist, wird gekrönt,
Und oft entbehrt ein Würd'ger eine Krone.
Doch gibt es leichte Kränze, Kränze gibt es

Von sehr verschiedner Art, sie lassen sich
Oft im Spazierengehn bequem erreichen.

Tasso.
Was eine Gottheit diesem frey gewährt
Und jenem streng versagt, ein solches Gut
Erreicht nicht jeder wie er will und mag.

Antonio.
Schreib' es dem Glück vor andern Göttern zu,
So hör' ich's gern, denn seine Wahl ist blind.

Tasso.
Auch die Gerechtigkeit trägt eine Binde
Und schließt die Augen jedem Blendwerk zu.

Antonio.
Das Glück erhebe billig der Beglückte!
Er dicht' ihm hundert Augen für's Verdienst
Und kluge Wahl und strenge Sorgfalt an,
Nenn' es Minerva, nenn' es wie er will,
Er halte gnädiges Geschenk für Lohn,
Zufälligen Putz für wohlverdienten Schmuck.

Tasso.
Du brauchst nicht deutlicher zu seyn. Es ist genug!
Ich blicke tief dir in das Herz und kenne
Für's ganze Leben dich. O kennte so
Dich meine Fürstinn auch! Verschwende nicht
Die Pfeile deiner Augen, deiner Zunge!
Du richtest sie vergebens nach dem Kranze,
Dem unverwelklichen, auf meinem Haupt.
Sey erst so groß, mir ihn nicht zu beneiden!
Dann darfst du mir vielleicht ihn streitig machen.
Ich acht' ihn heilig und das höchste Gut:
Doch zeige mir den Mann, der das erreicht,
Wornach ich strebe, zeige mir den Helden,

Von dem mir die Geschichten nur erzählten;
Den Dichter stell' mir vor, der sich Homeren,
Virgilen sich vergleichen darf, ja, was
Noch mehr gesagt ist, zeige mir den Mann,
Der dreyfach diesen Lohn verdiente, den
Die schöne Krone dreyfach mehr als mich
Beschämte: dann sollst du mich knieend sehn
Vor jener Gottheit, die mich so begabte;
Nicht eher stünd' ich auf, bis sie die Zierde
Von meinem Haupt auf seins hinüber drückte.

Antonio.
Bis dahin bleibst du freylich ihrer werth.

Tasso.
Man wäge mich, das will ich nicht vermeiden,
Allein Verachtung hab' ich nicht verdient.
Die Krone, der mein Fürst mich würdig achtete,
Die meiner Fürstinn Hand für mich gewunden,
Soll keiner mir bezweifeln noch begrinsen!

Antonio.
Es ziemt der hohe Ton, die rasche Glut
Nicht dir zu mir, noch dir an diesem Orte.

Tasso.
Was du dir hier erlaubst, das ziemt auch mir.
Und ist die Wahrheit wohl von hier verbannt?
Ist im Pallast der freye Geist gekerkert?
Hat hier ein edler Mensch nur Druck zu dulden?
Mich dünkt hier ist die Hoheit erst an ihrem Platz,
Der Seele Hoheit! Darf sie sich der Nähe
Der Großen dieser Erde nicht erfreun?
Sie darf's und soll's. Wir nahen uns dem Fürsten
Durch Adel nur, der uns von Vätern kam;
Warum nicht durch's Gemüth, das die Natur

Nicht jedem groß verlieh, wie sie nicht jedem
Die Reihe großer Ahnherrn geben konnte.
Nur Kleinheit sollte hier sich ängstlich fühlen,
Der Neid, der sich zu seiner Schande zeigt:
Wie keiner Spinne schmutziges Gewebe
An diesen Marmorwänden haften soll.

Antonio.
Du zeigst mir selbst mein Recht dich zu verschmähn!
Der übereilte Knabe will des Mann's
Vertraun und Freundschaft mit Gewalt ertrotzen?
Unsittlich wie du bist hältst du dich gut?

Tasso.
Viel lieber was ihr euch unsittlich nennt,
Als was ich mir unedel nennen müßte.

Antonio.
Du bist noch jung genug, daß gute Zucht
Dich eines bessern Wegs belehren kann.

Tasso.
Nicht jung genug, vor Götzen mich zu neigen,
Und Trotz mit Trotz zu bänd'gen, alt genug.

Antonio.
Wo Lippenspiel und Saitenspiel entscheiden,
Ziehst du als Held und Sieger wohl davon.

Tasso.
Verwegen wär' es meine Faust zu rühmen,
Denn sie hat nichts gethan, doch ich vertrau' ihr.

Antonio.
Du traust auf Schonung, die dich nur zu sehr
im frechen Laufe deines Glücks verzog.

Tasso.

Daß ich erwachsen bin, das fühl' ich nun;
Mit dir am wenigsten hätt' ich gewünscht
Das Wagespiel der Waffen zu versuchen:
Allein du schürest Glut auf Glut, es kocht
Das inn're Mark, die schmerzliche Begier
Der Rache siedet schäumend in der Brust.
Bist du der Mann der du dich rühmst, so steh' mir.

Antonio.

Du weißt so wenig wer, als wo du bist.

Tasso.

Kein Heiligthum heißt uns den Schimpf ertragen.
Du lästerst, du entweihest diesen Ort,
Nicht ich, der ich Vertraun, Verehrung, Liebe,
Das schönste Opfer, dir entgegen trug.
Dein Geist verunreint dieses Paradies
Und deine Worte diesen reinen Saal,
Nicht meines Herzens schwellendes Gefühl,
Das braus't, den kleinsten Flecken nicht zu leiden.

Antonio.

Welch hoher Geist in einer engen Brust!

Tasso.

Hier ist noch Raum dem Busen Luft zu machen.

Antonio.

Es macht das Volk sich auch mit Worten Luft.

Tasso.

Bist du ein Edelmann wie ich, so zeig' es.

Antonio.

Ich bin es wohl, doch weiß ich wo ich bin.

Tasso.
Komm mit herab, wo unsre Waffen gelten.

Antonio.
Wie du nicht fordern solltest, folg' ich nicht.

Tasso.
Der Feigheit ist solch Hinderniß willkommen.

Antonio.
Der Feige droht nur, wo er sicher ist.

Tasso.
Mit Freuden kann ich diesem Schutz entsagen.

Antonio.
Vergib dir nur, dem Ort vergibst du nichts.

Tasso.
Verzeihe mir der Ort daß ich es litt.

Er zieht den Degen.

Zieh' oder folge, wenn ich nicht auf ewig,
Wie ich dich hasse, dich verachten soll.

Vierter Auftritt.

Alphons. Die Vorigen.

Alphons.
In welchem Streit treff' ich euch unerwartet?

Antonio.
Du findest mich, o Fürst, gelassen stehn
Vor einem, den die Wuth ergriffen hat.

Tasso.
Ich bethe dich als eine Gottheit an,
Daß du mit Einem Blick mich warnend bändigst.

Alphons.
Erzähl', Antonio, Tasso, sag' mir an,
Wie hat der Zwist sich in mein Haus gedrungen?
Wie hat er euch ergriffen, von der Bahn
Der Sitten, der Gesetze kluge Männer
Im Taumel weggerissen? Ich erstaune.

Tasso.
Du kennst uns beyde nicht, ich glaub' es wohl:
Hier dieser Mann, berühmt als klug und sittlich,
Hat roh und hämisch, wie ein unerzogner,
Unedler Mensch sich gegen mich betragen.
Zutraulich nahe ich ihm, er stieß mich weg;
Beharrlich liebend drang ich mich zu ihm,
Und bitter, immer bittrer ruht' er nicht,
Bis er den reinsten Tropfen Bluts in mir
Zu Galle wandelte. Verzeih'! Du hast mich hier
Als einen Wüthenden getroffen. Dieser
Hat alle schuld, wenn ich mich schuldig machte.
Er hat die Glut gewaltsam angefacht,
Die mich ergriff und mich und ihn verletzte.

Antonio.
Ihn riß der hohe Dichterschwung hinweg!
Du hast, o Fürst, zuerst mich angeredet,
Hast mich gefragt: es sey mir nun erlaubt,
Nach diesem raschen Redner auch zu sprechen.

Tasso.
O ja, erzähl', erzähl' von Wort zu Wort,
Und kannst du jede Sylbe, jede Miene
Vor diesen Richter stellen, wag' es nur!

Beleidige dich selbst zum zweytenmale,
Und zeuge wider dich! dagegen will
Ich keinen Hauch und keinen Pulsschlag läugnen.

Antonio.
Wenn du noch mehr zu reden hast, so sprich:
Wo nicht, so schweig' und unterbrich mich nicht.
Ob ich, mein Fürst, ob dieser heiße Kopf
Den Streit zuerst begonnen? wer es sey,
Der Unrecht hat? ist eine weite Frage,
Die wohl zuvörderst noch auf sich beruht.

Tasso.
Wie das? mich dünkt, das ist die erste Frage,
Wer von uns beyden Recht und Unrecht hat.

Antonio.
Nicht ganz, wie sich's der unbegränzte Sinn
Gedenken mag.

Alphons.

Antonio!

Antonio.

Gnädigster,
Ich ehre deinen Wink, doch laß ihn schweigen:
Hab' ich gesprochen, mag er weiter reden;
Du wirst entscheiden. Also sag' ich nur:
Ich kann mit ihm nicht rechten, kann ihn weder
Verklagen, noch mich selbst vertheid'gen, noch
Ihm jetzt genug zu thun mich anerbiethen.
Denn wie er steht, ist er kein freyer Mann.
Es waltet über ihm ein schwer Gesetz,
Das deine Gnade höchstens lindern wird.
Er hat mir hier gedroht, hat mich gefodert;
Vor dir verbarg er kaum das nackte Schwert.

Und tratst du, Herr, nicht zwischen uns herein,
So stünde jetzt auch ich als pflichtvergessen,
Mitschuldig und beschämt vor deinem Blick.

Alphons *zu Tasso.*
Du hast nicht wohl gethan.

Tasso.

Mich spricht, o Herr,
Mein eigen Herz, gewiß auch deines frey.
Ja, es ist wahr, ich drohte, forderte,
Ich zog. Allein, wie tückisch seine Zunge
Mit wohlgewählten Worten mich verletzt,
Wie scharf und schnell sein Zahn das feine Gift
Mir in das Blut geflößt, wie er das Fieber
Nur mehr und mehr erhitzt – Du denkst es nicht!
Gelassen, kalt, hat er mich ausgehalten,
Auf's höchste mich getrieben. O! du kennst,
Du kennst ihn nicht und wirst ihn niemals kennen!
Ich trug ihm warm die schönste Freundschaft an;
Er warf mir meine Gaben vor die Füße;
Und hätte meine Seele nicht geglüht,
So war sie deiner Gnade, deines Dienstes
Auf ewig unwerth. Hab' ich des Gesetzes
Und dieses Orts vergessen, so verzeih.
Auf keinem Boden darf ich niedrig seyn,
Erniedrigung auf keinem Boden dulden.
Wenn dieses Herz, es sey auch wo es will,
Dir fehlt und sich, dann strafe, dann verstoße,
Und laß mich nie dein Auge wiedersehn.

Antonio.
Wie leicht der Jüngling schwere Lasten trägt
Und Fehler wie den Staub vom Kleide schüttelt!
Es wäre zu verwundern, wenn die Zauberkraft

Der Dichtung nicht bekannter wäre, die
Mit dem Unmöglichen so gern ihr Spiel
Zu treiben liebt. Ob du auch so, mein Fürst,
Ob alle deine Diener diese That
So unbedeutend halten, zweifl' ich fast.
Die Majestät verbreitet ihren Schutz
Auf jeden, der sich ihr wie einer Gottheit
Und ihrer unverletzten Wohnung naht.
Wie an dem Fuße des Altars, bezähmt
Sich auf der Schwelle jede Leidenschaft.
Da blinkt kein Schwert, da fällt kein drohend Wort,
Da fordert selbst Beleid'gung keine Rache.
Es bleibt das weite Feld ein offner Raum
Für Grimm und Unversöhnlichkeit genug.
Dort wird kein Feiger drohn, kein Mann wird fliehn.
Hier diese Mauern haben deine Väter
Auf Sicherheit gegründet, ihrer Würde
Ein Heiligthum befestigt, diese Ruhe
Mit schweren Strafen ernst und klug erhalten;
Verbannung, Kerker, Tod ergriff den Schuldigen.
Da war kein Ansehn der Person, es hielt
Die Milde nicht den Arm des Rechts zurück;
Und selbst der Frevler fühlte sich geschreckt.
Nun sehen wir nach langem schönem Frieden
In das Gebieth der Sitten rohe Wuth
Im Taumel wiederkehren. Herr, entscheide,
Bestrafe! denn wer kann in seiner Pflicht
Beschränkten Gränzen wandeln, schützet ihn
Nicht das Gesetz und seines Fürsten Kraft?

Alphons.
Mehr als ihr beyde sagt und sagen könnt,
Läßt unparteyisch das Gemüth mich hören.
Ihr hättet schöner eure Pflicht gethan,

Wenn ich dieß Urtheil nicht zu sprechen hätte.
Denn hier sind Recht und Unrecht nah verwandt.
Wenn dich Antonio beleidigt hat,
So hat er dir auf irgend eine Weise
Genugzuthun, wie du es fordern wirst.
Mir wär' es lieb, ihr wähltet mich zum Austrag.
Indessen, dein Vergehen macht, o Tasso,
Dich zum Gefangnen. Wie ich dir vergebe:
So lindr' ich das Gesetz um deinetwillen.
Verlaß uns, Tasso! bleib' auf deinem Zimmer,
Von dir und mit dir selbst allein bewacht.

Tasso.
Ist dieß, o Fürst, dein richterlicher Spruch?

Antonio.
Erkennest du des Vaters Milde nicht?

Tasso *zu Antonio.*
Mit dir hab' ich vorerst nichts mehr zu reden.

Zu Alphons.

O Fürst, es übergibt dein ernstes Wort
Mich Freyen der Gefangenschaft. Es sey!
Du hältst es Recht. Dein heilig Wort verehrend,
Heiß' ich mein innres Herz im tiefsten schweigen.
Es ist mir neu, so neu, daß ich fast dich
Und mich und diesen schönen Ort nicht kenne.
Doch diesen kenn' ich wohl – Gehorchen will ich,
Ob ich gleich hier noch manches sagen könnte,
Und sagen sollte. Mir verstummt die Lippe.
War's ein Verbrechen? Wenigstens es scheint,
Ich bin als ein Verbrecher angesehn.
Und, was mein Herz auch sagt, ich bin gefangen.

Alphons.
Du nimmst es höher, Tasso, als ich selbst.

Tasso.
Mir bleibt es unbegreiflich wie es ist;
Zwar unbegreiflich nicht, ich bin kein Kind;
Ich meine fast, ich müßt' es denken können.
Auf einmal winkt mich eine Klarheit an,
Doch augenblicklich schließt sich's wieder zu,
Ich höre nur mein Urtheil, beuge mich.
Das sind zu viel vergebne Worte schon!
Gewöhne dich von nun an zu gehorchen;
Ohnmächt'ger! du vergaßest wo du standst;
Der Götter Saal schien dir auf gleicher Erde,
Nun überwältigt dich der jähe Fall,
Gehorche gern, denn es geziemt dem Manne,
Auch willig das Beschwerliche zu thun.
Hier nimm den Degen erst, den du mir gabst,
Als ich dem Cardinal nach Frankreich folgte,
Ich führe ihn nicht mit Ruhm, doch nicht mit Schande,
Auch heute nicht. Der hoffnungsvollen Gabe
Entäußr' ich mich mit tief gerührtem Herzen.

Alphons.
Wie ich zu dir gesinnt bin fühlst du nicht.

Tasso.
Gehorchen ist mein Loos und nicht zu denken!
Und leider eines herrlichern Geschenks
Verläugnung fordert das Geschick von mir.
Die Krone kleidet den Gefangnen nicht:
Ich nehme selbst von meinem Haupt die Zierde,
Die für die Ewigkeit gegönnt mir schien.
Zu früh war mir das schönste Glück verliehen,
Und wird, als hätt' ich sein mich überhoben,

Mir nur zu bald geraubt.
Du nimmst dir selbst, was keiner nehmen konnte
Und was kein Gott zum zweytenmale gibt.
Wir Menschen werden wunderbar geprüft;
Wir könnten's nicht ertragen, hätt' uns nicht
Den holden Leichtsinn die Natur verliehn.
Mit unschätzbaren Gütern lehret uns
Verschwenderisch die Noth gelassen spielen:
Wir öffnen willig unsre Hände, daß
Unwiederbringlich uns ein Gut entschlüpfe:
Mit diesem Kuß vereint sich eine Thräne,
Und weiht dich der Vergänglichkeit! es ist
Erlaubt das holde Zeichen unsrer Schwäche!
Wer weinte nicht, wenn das Unsterbliche
Vor der Zerstörung selbst nicht sicher ist?
Geselle dich zu diesem Degen, der
Dich leider nicht erwarb, um ihn geschlungen
Ruhe, wie auf dem Sarg der Tapfern, auf
Dem Grabe meines Glücks und meiner Hoffnung!
Hier leg' ich beyde willig dir zu Füßen;
Denn wer ist wohl gewaffnet, wenn du zürnst?
Und wer geschmückt, o Herr, den du verkennst?
Gefangen geh' ich, warte des Gerichts.

Auf des Fürsten Wink, hebt ein Page den Degen mit dem Kranze auf und trägt ihn weg.

Fünfter Auftritt.

Alphons. Antonio.

Antonio.

Wo schwärmt der Knabe hin? Mit welchen Farben
Mahlt er sich seinen Werth und sein Geschick?
Beschränkt und unerfahren hält die Jugend
Sich für ein einzig auserwähltes Wesen,
Und alles über alle sich erlaubt.
Er fühle sich gestraft, und strafen heißt
Dem Jüngling wohlthun, daß der Mann uns danke.

Alphons.

Er ist gestraft, ich fürchte, nur zu viel.

Antonio.

Wenn du gelind mit ihm verfahren magst,
So gib, o Fürst, ihm seine Freyheit wieder,
Und unsern Zwist entscheide dann das Schwert.

Alphons.

Wenn es die Meinung fordert, mag es seyn.
Doch sprich, wie hast du seinen Zorn gereitzt?

Antonio.

Ich wüßte kaum zu sagen, wie's geschah.
Als Menschen hab' ich ihn vielleicht gekränkt,
Als Edelmann hab' ich ihn nicht beleidigt.
Und seinen Lippen ist im größten Zorne
Kein sittenloses Wort entflohn.

Alphons.

So schien
Mir euer Streit, und was ich gleich gedacht,
Bekräftigt deine Rede mir noch mehr.
Wenn Männer sich entzweyen, hält man billig

Den Klügsten für den Schuldigen. Du solltest
Mit ihm nicht zürnen; ihn zu leiten stünde
Dir besser an. Noch immer ist es Zeit:
Hier ist kein Fall, der euch zu streiten zwänge.
So lang' mir Friede bleibt, so lange wünsch' ich
In meinem Haus ihn zu genießen. Stelle
Die Ruhe wieder her, du kannst es leicht.
Lenore Sanvitale mag ihn erst
Mit zarter Lippe zu besänft'gen suchen:
Dann tritt zu ihm, gib ihm in meinem Namen
Die volle Freyheit wieder, und gewinne
Mit edeln, wahren Worten sein Vertraun.
Verrichte das, so bald du immer kannst;
Du wirst als Freund und Vater mit ihm sprechen.
Noch eh' wir scheiden, will ich Friede wissen,
Und dir ist nichts unmöglich, wenn du willst.
Wir bleiben lieber eine Stunde länger,
Und lassen dann die Frauen sanft vollenden,
Was du begannst; und kehren wir zurück,
So haben sie von diesem raschen Eindruck
Die letzte Spur vertilgt. Es scheint, Antonio,
Du willst nicht aus der Übung kommen! Du
Hast Ein Geschäft kaum erst vollendet, nun
Kehrst du zurück und schaffst dir gleich ein neues.
Ich hoffe, daß auch dieses dir gelingt.

Antonio.
Ich bin beschämt, und seh' in deinen Worten,
Wie in dem klarsten Spiegel, meine Schuld!
Gar leicht gehorcht man einem edlen Herrn,
Der überzeugt, indem er uns gebiethet.

Dritter Aufzug.

Erster Auftritt.

Prinzessinn *allein.*
Wo bleibt Eleonore? Schmerzlicher
Bewegt mir jeden Augenblick die Sorge
Das tiefste Herz. Kaum weiß ich was geschah,
Kaum weiß ich wer von beyden schuldig ist.
O daß sie käme! Möcht' ich doch nicht gern
Den Bruder nicht, Antonio nicht sprechen,
Eh' ich gefaßter bin, eh' ich vernommen,
Wie alles steht und was es werden kann.

Zweyter Auftritt.

Prinzessinn. Leonore.

Prinzessinn.
Was bringst du, Leonore? sag mir an:
Wie steht's um unsre Freunde? Was geschah?

Leonore.
Mehr als wir wissen hab' ich nicht erfahren.
Sie trafen hart zusammen, Tasso zog,
Dein Bruder trennte sie: allein es scheint,
Als habe Tasso diesen Streit begonnen.
Antonio geht frey umher und spricht
Mit seinem Fürsten, Tasso bleibt dagegen
Verbannt in seinem Zimmer und allein.

Prinzessinn.
Gewiß hat ihn Antonio gereitzt,
Den Hochgestimmten kalt und fremd beleidigt.

Leonore.
Ich glaub' es selbst. Denn eine Wolke stand,
Schon als er zu uns trat, um seine Stirn.

Prinzessinn.
Ach daß wir doch dem reinen stillen Wink
Des Herzens nachzugehn so sehr verlernen!
Ganz leise spricht ein Gott in unsrer Brust,
Ganz leise, ganz vernehmlich, zeigt uns an,
Was zu ergreifen ist und was zu fliehn.
Antonio erschien mir heute früh
Viel schroffer noch als je, in sich gezogner.
Es warnte mich mein Geist, als neben ihn
Sich Tasso stellte. Sieh das Äußre nur
Von beyden an, das Angesicht, den Ton,
Den Blick, den Tritt! es widerstrebt sich alles,
Sie können ewig keine Liebe wechseln.
Doch überredete die Hoffnung mich,
Die Gleisnerinn, sie sind vernünftig beyde,
Sind edel, unterrichtet, deine Freunde;
Und welch ein Band ist sichrer als der Guten?
Ich trieb den Jüngling an; er gab sich ganz;
Wie schön, wie warm ergab er ganz sich mir!
O hätt' ich gleich Antonio gesprochen!
Ich zauderte; es war nur kurze Zeit;
Ich scheute mich, gleich mit den ersten Worten
Und dringend ihm den Jüngling zu empfehlen,
Verließ auf Sitte mich und Höflichkeit,
Auf den Gebrauch der Welt, der sich so glatt
Selbst zwischen Feinde legt; befürchtete
Von dem geprüften Manne diese Jähe
Der raschen Jugend nicht. Es ist geschehn.
Das Übel stand mir fern, nun ist es da.
O gib mir einen Rath! was ist zu thun?

Leonore.

Wie schwer zu rathen sey, das fühlst du selbst
Nach dem was du gesagt. Es ist nicht hier
Ein Mißverständniß zwischen Gleichgestimmten;
Das stellen Worte, ja im Nothfall stellen
Es Waffen leicht und glücklich wieder her.
Zwey Männer sind's, ich hab' es lang gefühlt,
Die darum Feinde sind, weil die Natur
Nicht Einen Mann aus ihnen beyden formte.
Und wären sie zu ihrem Vortheil klug,
So würden sie als Freunde sich verbinden;
Dann stünden sie für Einen Mann, und gingen
Mit Macht und Glück und Lust durch's Leben hin.
So hofft' ich selbst, nun seh' ich wohl umsonst.
Der Zwist von heute, sey er wie er sey,
Ist beyzulegen; doch das sichert uns
Nicht für die Zukunft, für den Morgen nicht.
Es wär' am besten, dächt' ich, Tasso reis'te
Auf eine Zeit von hier; er könnte ja
Nach Rom, auch nach Florenz sich wenden; dort
Träf' ich in wenig Wochen ihn, und könnte
Auf sein Gemüth als eine Freundinn wirken.
Du würdest hier indessen den Antonio,
Der uns so fremd geworden, dir auf's neue
Und deinen Freunden näher bringen; so
Gewährte das, was itzt unmöglich scheint,
Die gute Zeit vielleicht, die vieles gibt.

Prinzessinn.

Du willst dich in Genuß, o Freundinn, setzen,
Ich soll entbehren; heißt das billig seyn?

Leonore.

Entbehren wirst du nichts, als was du doch
In diesem Falle nicht genießen könntest.

Prinzessinn.
So ruhig soll ich einen Freund verbannen?

Leonore.
Erhalten, den du nur zum Schein verbannst.

Prinzessinn.
Mein Bruder wird ihn nicht mit Willen lassen.

Leonore.
Wenn er es sieht wie wir, so gibt er nach.

Prinzessinn.
Es ist so schwer, im Freunde sich verdammen.

Leonore.
Und dennoch rettest du den Freund in dir.

Prinzessinn.
Ich gebe nicht mein Ja, daß es geschehe.

Leonore.
So warte noch ein größres Übel ab.

Prinzessinn.
Du peinigst mich, und weißt nicht ob du nützest.

Leonore.
Wir werden bald entdecken, wer sich irrt.

Prinzessinn.
Und soll es seyn, so frage mich nicht länger.

Leonore.
Wer sich entschließen kann, besiegt den Schmerz.

Prinzessinn.
Entschlossen bin ich nicht, allein es sey,
Wenn er sich nicht auf lange Zeit entfernt –
Und laß uns für ihn sorgen, Leonore,
Daß er nicht etwa künftig Mangel leide,

Daß ihm der Herzog seinen Unterhalt
Auch in der Ferne willig reichen lasse.
Sprich mit Antonio, denn er vermag
Bey meinem Bruder viel, und wird den Streit
Nicht unserm Freund und uns gedenken wollen.

Leonore.
Ein Wort von dir, Prinzessinn, gälte mehr.

Prinzessinn.
Ich kann, du weißt es, meine Freundinn, nicht
Wie's meine Schwester von Urbino kann,
Für mich und für die Meinen was erbitten.
Ich lebe gern so stille vor mich hin,
Und nehme von dem Bruder dankbar an,
Was er mir immer geben kann und will.
Ich habe sonst darüber manchen Vorwurf
Mir selbst gemacht, nun hab' ich überwunden.
Es schalt mich eine Freundinn oft darum:
Du bist uneigennützig, sagte sie,
Das ist recht schön; allein du bist's so sehr,
Daß du auch das Bedürfniß deiner Freunde
Nicht recht empfinden kannst. Ich laß' es gehn,
Und muß denn eben diesen Vorwurf tragen.
Um desto mehr erfreut es mich, daß ich
Nun in der That dem Freunde nützen kann;
Es fällt mir meiner Mutter Erbschaft zu,
Und gerne will ich für ihn sorgen helfen.

Leonore.
Und ich, o Fürstinn, finde mich im Falle,
Daß ich als Freundinn auch mich zeigen kann.
Er ist kein guter Wirth; wo es ihm fehlt,
Werd' ich ihm schon geschickt zu helfen wissen.

Prinzessinn.
So nimm ihn weg, und, soll ich ihn entbehren,
Vor allen andern sey er dir gegönnt!
Ich seh' es wohl, so wird es besser seyn.
Muß ich denn wieder diesen Schmerz als gut
Und heilsam preisen? Das war mein Geschick
Von Jugend auf, ich bin nun dran gewöhnt.
Nur halb ist der Verlust des schönsten Glücks,
Wenn wir auf den Besitz nicht sicher zählten.

Leonore.
Ich hoffe, dich so schön du es verdienst
Glücklich zu sehn!

Prinzessinn.

Eleonore! Glücklich?
Wer ist denn glücklich? – Meinen Bruder zwar
Möcht' ich so nennen, denn sein großes Herz
Trägt sein Geschick mit immer gleichem Muth;
Allein was er verdient, das ward ihm nie.
Ist meine Schwester von Urbino glücklich?
Das schöne Weib, das edle große Herz!
Sie bringt dem jüngern Manne keine Kinder;
Er achtet sie, und läßt sie's nicht entgelten,
Doch keine Freude wohnt in ihrem Haus.
Was half denn unsrer Mutter ihre Klugheit?
Die Kenntniß jeder Art, ihr großer Sinn?
Konnt' er sie vor dem fremden Irrthum schützen?
Man nahm uns von ihr weg; nun ist sie todt,
Sie ließ uns Kindern nicht den Trost, daß sie
Mit ihrem Gott versöhnt gestorben sey.

Leonore.
O blicke nicht nach dem, was jedem fehlt,

Betrachte, was noch einem jeden bleibt!
Was bleibt nicht Dir, Prinzessinn?

Prinzessinn.

Was mir bleibt?
Geduld, Eleonore! Üben konnt' ich die
Von Jugend auf. Wenn Freunde, wenn Geschwister
Bey Fest und Spiel gesellig sich erfreuten,
Hielt Krankheit mich auf meinem Zimmer fest,
Und in Gesellschaft mancher Leiden mußt'
Ich früh entbehren lernen. Eines war,
Was in der Einsamkeit mich schön ergetzte,
Die Freude des Gesangs; ich unterhielt
Mich mit mir selbst, ich wiegte Schmerz und Sehnsucht
Und jeden Wunsch mit leisen Tönen ein.
Da wurde Leiden oft Genuß, und selbst
Das traurige Gefühl zur Harmonie.
Nicht lang' war mir dieß Glück gegönnt, auch dieses
Nahm mir der Arzt hinweg; sein streng Geboth
Hieß mich verstummen; leben sollt' ich, leiden,
Den einz'gen kleinen Trost sollt' ich entbehren.

Leonore.

So viele Freunde fanden sich zu dir,
Und nun bist du gesund, bist lebensfroh.

Prinzessinn.

Ich bin gesund, das heißt, ich bin nicht krank;
Und manche Freunde hab' ich, deren Treue
Mich glücklich macht. Auch hatt' ich einen Freund –

Leonore.

Du hast ihn noch.

Prinzessinn.

Und werd' ihn bald verlieren.
Der Augenblick, da ich zuerst ihn sah,
War viel bedeutend. Kaum erholt' ich mich
Von manchen Leiden; Schmerz und Krankheit waren
Kaum erst gewichen: still bescheiden blickt' ich
In's Leben wieder, freute mich des Tags
Und der Geschwister wieder, sog beherzt
Der süßen Hoffnung reinsten Balsam ein.
Ich wagt' es vorwärts in das Leben weiter
Hinein zu sehn, und freundliche Gestalten
Begegneten mir aus der Ferne. Da,
Eleonore, stellte mir den Jüngling
Die Schwester vor; er kam an ihrer Hand,
Und, daß ich dir's gestehe, da ergriff
Ihn mein Gemüth und wird ihn ewig halten.

Leonore.

O meine Fürstinn, laß dich's nicht gereuen!
Das Edle zu erkennen, ist Gewinst,
Der nimmer uns entrissen werden kann.

Prinzessinn.

Zu fürchten ist das Schöne das Fürtreffliche,
Wie eine Flamme, die so herrlich nützt,
So lange sie auf deinem Herde brennt,
So lang' sie dir von einer Fackel leuchtet,
Wie hold! wer mag, wer kann sie da entbehren?
Und frißt sie ungehütet um sich her,
Wie elend kann sie machen! Laß mich nun.
Ich bin geschwätzig, und verbärge besser
Auch selbst vor dir, wie schwach ich bin und krank.

Leonore.
Die Krankheit des Gemüthes löset sich
In Klagen und Vertraun am leicht'sten auf

Prinzessinn.
Wenn das Vertrauen heilt, so heil' ich bald;
Ich hab' es rein und hab' es ganz zu dir.
Ach, meine Freundinn! Zwar ich bin entschlossen,
Er scheide nur! allein ich fühle schon
Den langen ausgedehnten Schmerz der Tage, wenn
Ich nun entbehren soll, was mich erfreute.
Die Sonne hebt von meinen Augenliedern
Nicht mehr sein schön verklärtes Traumbild auf,
Die Hoffnung ihn zu sehen füllt nicht mehr
Den kaum erwachten Geist mit froher Sehnsucht;
Mein erster Blick hinab in unsre Gärten
Sucht ihn vergebens in dem Thau der Schatten.
Wie schön befriedigt fühlte sich der Wunsch
Mit ihm zu seyn an jedem heitern Abend!
Wie mehrte sich im Umgang das Verlangen
Sich mehr zu kennen, mehr sich zu verstehn,
Und täglich stimmte das Gemüth sich schöner
Zu immer reinern Harmonien auf.
Welch eine Dämmrung fällt nun vor mir ein!
Der Sonne Pracht, das fröhliche Gefühl
Des hohen Tags, der tausendfachen Welt
Glanzreiche Gegenwart, ist öd' und tief
Im Nebel eingehüllt, der mich umgibt.
Sonst war mir jeder Tag ein ganzes Leben;
Die Sorge schwieg, die Ahndung selbst verstummte,
Und glücklich eingeschifft trug uns der Strom
Auf leichten Wellen ohne Ruder hin:
Nun überfällt in trüber Gegenwart
Der Zukunft Schrecken heimlich meine Brust.

Leonore.
Die Zukunft gibt dir deine Freunde wieder,
Und bringt dir neue Freude, neues Glück.

Prinzessinn.
Was ich besitze, mag ich gern bewahren:
Der Wechsel unterhält, doch nutzt er kaum.
Mit jugendlicher Sehnsucht griff ich nie
Begierig in den Loostopf fremder Welt,
Für mein bedürfend unerfahren Herz
Zufällig einen Gegenstand zu haschen.
Ihn mußt' ich ehren, darum liebt' ich ihn;
Ich mußt' ihn lieben, weil mit ihm mein Leben
Zum Leben ward, wie ich es nie gekannt;
Erst sagt' ich mir, entferne dich von ihm!
Ich wich und wich und kam nur immer näher,
So lieblich angelockt, so hart bestraft!
Ein reines, wahres Gut verschwindet mir,
Und meiner Sehnsucht schiebt ein böser Geist
Statt Freud' und Glück verwandte Schmerzen unter.

Leonore.
Wenn einer Freundinn Wort nicht trösten kann;
So wird die stille Kraft der schönen Welt,
Der guten Zeit dich unvermerkt erquicken.

Prinzessinn.
Wohl ist sie schön die Welt! in ihrer Weite
Bewegt sich so viel Gutes hin und her.
Ach daß es immer nur um Einen Schritt
Von uns sich zu entfernen scheint,
Und unsre bange Sehnsucht durch das Leben
Auch Schritt vor Schritt bis nach dem Grabe lockt!
So selten ist es, daß die Menschen finden,
Was ihnen doch bestimmt gewesen schien,

So selten, daß sie das erhalten, was
Auch einmal die beglückte Hand ergriff!
Es reißt sich los, was erst sich uns ergab,
Wir lassen los, was wir begierig faßten.
Es gibt ein Glück, allein wir kennen's nicht:
Wir kennen's wohl, und wissen's nicht zu schätzen.

Dritter Auftritt.

Leonore *allein.*
Wie jammert mich das edle, schöne Herz!
Welch traurig Loos, das ihrer Hoheit fällt!
Ach sie verliert – und denkst du zu gewinnen?
Ist's denn so nöthig, daß er sich entfernt?
Machst du es nöthig, um allein für dich
Das Herz und die Talente zu besitzen,
Die du bisher mit einer andern theilst
Und ungleich theilst? Ist's redlich so zu handeln?
Bist du nicht reich genug? Was fehlt dir noch?
Gemahl und Sohn und Güter, Rang und Schönheit,
Das hast du alles, und du willst noch ihn
Zu diesem allen haben? Liebst du ihn?
Was ist es sonst, warum du ihn nicht mehr
Entbehren magst? Du darfst es dir gestehn.
Wie reitzend ist's, in seinem schönen Geiste
Sich selber zu bespiegeln! Wird ein Glück
Nicht doppelt groß und herrlich, wenn sein Lied
Uns wie auf Himmels-Wolken trägt und hebt?
Dann bist du erst beneidenswerth! Du bist,
Du hast das nicht allein, was viele wünschen,
Es weiß, es kennt auch jeder, was du hast!
Dich nennt dein Vaterland und sieht auf dich,
Das ist der höchste Gipfel jedes Glücks.

Ist *Laura* denn allein der Name, der
Von allen zarten Lippen klingen soll?
Und hatte nur Petrarch allein das Recht,
Die unbekannte Schöne zu vergöttern?
Wo ist ein Mann, der meinem Freunde sich
Vergleichen darf? Wie ihn die Welt verehrt,
So wird die Nachwelt ihn verehrend nennen.
Wie herrlich ist's, im Glanze dieses Lebens
Ihn an der Seite haben! so mit ihm
Der Zukunft sich mit leichtem Schritte nahn!
Alsdann vermag die Zeit, das Alter nichts
Auf dich, und nichts der freche Ruf.
Der hin und her des Beyfalls Woge treibt:
Das was vergänglich ist, bewahrt sein Lied.
Du bist noch schön, noch glücklich, wenn schon lange
Der Kreis der Dinge dich mit fortgerissen.
Du mußt ihn haben, und ihr nimmst du nichts:
Denn ihre Neigung zu dem werthen Manne
Ist ihren andern Leidenschaften gleich.
Sie leuchten, wie der stille Schein des Monds
Dem Wandrer spärlich auf dem Pfad zu Nacht;
Sie wärmen nicht, und gießen keine Lust
Noch Lebensfreud' umher. Sie wird sich freuen,
Wenn sie ihn fern, wenn sie ihn glücklich weiß,
Wie sie genoß, wenn sie ihn täglich sah.
Und dann, ich will mit meinem Freunde nicht
Von ihr und diesem Hofe mich verbannen;
Ich komme wieder, und ich bring' ihn wieder.
So soll es seyn! – Hier kommt der rauhe Freund;
Wir wollen sehn, ob wir ihn zähmen können.

Vierter Auftritt.

Leonore. Antonio.

Leonore.
Du bringst uns Krieg statt Frieden; scheint es doch,
Du kommst ans einem Lager, einer Schlacht,
Wo die Gewalt regiert, die Faust entscheidet,
Und nicht von Rom, wo feierliche Klugheit
Die Hände segnend hebt, und eine Welt
Zu ihren Füßen sieht, die gern gehorcht.

Antonio.
Ich muß den Tadel, schöne Freundinn, dulden,
Doch die Entschuld'gung liegt nicht weit davon.
Es ist gefährlich, wenn man allzu lang'
Sich klug und mäßig zeigen muß. Es lauert
Der böse Genius dir an der Seite,
Und will gewaltsam auch von Zeit zu Zeit
Ein Opfer haben. Leider hab' ich's dießmal
Auf meiner Freunde Kosten ihm gebracht.

Leonore.
Du hast um fremde Menschen dich so lang'
Bemüht und dich nach ihrem Sinn gerichtet:
Nun, da du deine Freunde wieder siehst,
Verkennst du sie, und rechtest wie mit Fremden.

Antonio.
Da liegt, geliebte Freundinn, die Gefahr!
Mit fremden Menschen nimmt man sich zusammen,
Da merkt man auf, da sucht man seinen Zweck
In ihrer Gunst, damit sie nutzen sollen.
Allein bey Freunden läßt man frey sich gehn,
Man ruht in ihrer Liebe, man erlaubt
Sich eine Laune, ungezähmter wirkt

Die Leidenschaft, und so verletzen wir
Am ersten die, die wir am zärtsten lieben.

Leonore.
In dieser ruhigen Betrachtung find' ich dich
Schon ganz, mein theurer Freund, mit Freuden wieder.

Antonio.
Ja, mich verdrießt – und ich bekenn' es gern –
Daß ich mich heut so ohne Maß verlor.
Allein gestehe, wenn ein wackrer Mann
Mit heißer Stirn von saurer Arbeit kommt,
Und spät am Abend in ersehnten Schatten
Zu neuer Mühe auszuruhen denkt,
Und findet dann von einem Müßiggänger
Den Schatten breit besessen, soll er nicht
Auch etwas menschlich's in dem Busen fühlen?

Leonore.
Wenn er recht menschlich ist, so wird er auch
Den Schatten gern mit einem Manne theilen,
Der ihm die Ruhe süß, die Arbeit leicht
Durch ein Gespräch, durch holde Töne macht.
Der Baum ist breit, mein Freund, der Schatten gibt,
Und keiner braucht den andern zu verdrängen.

Antonio.
Wir wollen uns, Eleonore, nicht
Mit einem Gleichniß hin und wieder spielen.
Gar viele Dinge sind in dieser Welt,
Die man dem andern gönnt und gerne theilt;
Jedoch es ist ein Schatz, den man allein
Dem Hochverdienten gerne gönnen mag,
Ein andrer, den man mit dem Höchstverdienten
Mit gutem Willen niemals theilen wird –

Und fragst du mich nach diesen beyden Schätzen;
Der Lorber ist es und die Gunst der Frauen.

Leonore.

Hat jener Kranz um unsers Jünglings Haupt
Den ernsten Mann beleidigt? Hättest du
Für seine Mühe, seine schöne Dichtung
Bescheid'nern Lohn doch selbst nicht finden können.
Denn ein Verdienst, das außerirdisch ist,
Das in den Lüften schwebt, in Tönen nur,
In leichten Bildern unsern Geist umgaukelt,
Es wird denn auch mit einem schönen Bilde,
Mit einem holden Zeichen nur belohnt;
Und wenn er selbst die Erde kaum berührt,
Berührt der höchste Lohn ihm kaum das Haupt.
Ein unfruchtbarer Zweig ist das Geschenk,
Das der Verehrer unfruchtbare Neigung
Ihm gerne bringt, damit sie einer Schuld
Aufs leicht'ste sich entlade. Du mißgönnst
Dem Bild des Märtyrers den goldnen Schein
Um's kahle Haupt wohl schwerlich; und gewiß,
Der Lorberkranz ist, wo er dir erscheint,
Ein Zeichen mehr des Leidens als des Glücks.

Antonio.

Will etwa mich dein liebenswürd'ger Mund
Die Eitelkeit der Welt verachten lehren?

Leonore.

Ein jedes Gut nach seinem Werth zu schätzen,
Brauch' ich dich nicht zu lehren. Aber doch,
Es scheint von Zeit zu Zeit bedarf der Weise,
So sehr wie andre, daß man ihm die Güter,
Die er besitzt, im rechten Lichte zeige.
Du, edler Mann, du wirst an ein Phantom

Von Gunst und Ehre keinen Anspruch machen.
Der Dienst, mit dem du deinem Fürsten dich,
Mit dem du deine Freunde dir verbindest,
Ist wirkend, ist lebendig, und so muß
Der Lohn auch wirklich und lebendig seyn.
Dein Lorber ist das fürstliche Vertraun,
Das auf den Schultern dir, als liebe Last,
Gehäuft und leicht getragen ruht; es ist
Dein Ruhm das allgemeine Zutraun.

Antonio.
Und von der Gunst der Frauen sagst du nichts,
Die willst du mir doch nicht entbehrlich schildern?

Leonore.
Wie man es nimmt. Denn du entbehrst sie nicht,
Und leichter wäre sie dir zu entbehren,
Als sie es jenem guten Mann nicht ist.
Denn sag', geläng' es einer Frau, wenn sie
Nach ihrer Art für dich zu sorgen dächte,
Mit dir sich zu beschäft'gen unternähme?
Bey dir ist alles Ordnung, Sicherheit;
Du sorgst für dich, wie du für andre sorgst,
Du hast, was man dir geben möchte. Jener
Beschäftigt uns in unserm eignen Fache.
Ihm fehlt's an tausend Kleinigkeiten, die
Zu schaffen eine Frau sich gern bemüht.
Das schönste Leinenzeug, ein seiden Kleid
Mit etwas Stickerey, das trägt er gern.
Er sieht sich gern geputzt, vielmehr, er kann
Unedlen Stoff, der nur den Knecht bezeichnet,
An seinem Leib nicht dulden, alles soll
Ihm fein und gut und schön und edel stehn.
Und dennoch hat er kein Geschick, das alles
Sich anzuschaffen, wenn er es besitzt,

Sich zu erhalten; immer fehlt es ihm
An Geld, an Sorgsamkeit, bald läßt er da
Ein Stück, bald eines dort. Er kehret nie
Von einer Reise wieder, daß ihm nicht
Ein Drittheil seiner Sachen fehle. Bald
Bestiehlt ihn der Bediente. So, Antonio,
Hat man für ihn das ganze Jahr zu sorgen.

Antonio.
Und diese Sorge macht ihn lieb und lieber.
Glücksel'ger Jüngling, dem man seine Mängel
Zur Tugend rechnet, dem so schön vergönnt ist,
Den Knaben noch als Mann zu spielen, der
Sich seiner holden Schwäche rühmen darf!
Du müßtest mir verzeihen, schöne Freundinn,
Wenn ich auch hier ein wenig bitter würde.
Du sagst nicht alles, sagst nicht was er wagt,
Und daß er klüger ist, als wie man denkt.
Er rühmt sich zweyer Flammen! knüpft und lös't
Die Knoten hin und wieder, und gewinnt
Mit *solchen* Künsten *solche* Herzen! Ist's
Zu glauben?

Leonore.

Gut! Selbst das beweis't ja schon,
Daß es nur Freundschaft ist, was uns belebt.
Und wenn wir denn auch Lieb' um Liebe tauschten,
Belohnten wir das schöne Herz nicht billig,
Das ganz sich selbst vergißt, und hingegeben
Im holden Traum für seine Freunde lebt?

Antonio.
Verwöhnt ihn nur und immer mehr und mehr,
Laßt seine Selbstigkeit für Liebe gelten,
Beleidigt alle Freunde, die sich euch

Mit treuer Seele widmen, gebt dem Stolzen
Freywilligen Tribut, zerstöret ganz
Den schönen Kreis geselligen Vertrauns!

Leonore.

Wir sind nicht so parteyisch wie du glaubst,
Ermahnen unsern Freund in manchen Fällen;
Wir wünschen ihn zu bilden, daß er mehr
Sich selbst genieße, mehr sich zu genießen
Den andern geben könne. Was an ihm
Zu tadeln ist, das bleibt uns nicht verborgen.

Antonio.

Doch lobt ihr vieles, was zu tadeln wäre.
Ich kenn' ihn lang , er ist so leicht zu kennen,
Und ist zu stolz sich zu verbergen. Bald
Versinkt er in sich selbst, als wäre ganz
Die Welt in seinem Busen, er sich ganz
In seiner Welt genug, und alles rings
Umher verschwindet ihm. Er läßt es gehn,
Läßt's fallen, stößt's hinweg und ruht in sich –
Auf einmal, wie ein unbemerkter Funke
Die Mine zündet, sey es Freude, Leid,
Zorn oder Grille, heftig bricht er aus:
Dann will er Alles fassen, Alles halten,
Dann soll geschehn, was er sich denken mag',
In einem Augenblicke soll entstehn,
Was Jahre lang bereitet werden sollte,
In einem Augenblick gehoben seyn,
Was Mühe kaum in Jahren lösen könnte.
Er fordert das Unmögliche von sich,
Damit er es von andern fordern dürfe.
Die letzten Enden aller Dinge will
Sein Geist zusammen fassen; das gelingt
Kaum Einem unter Millionen Menschen,

Und er ist nicht der Mann: er fällt zuletzt,
Um nichts gebessert, in sich selbst zurück.

Leonore.
Er schadet andern nicht, er schadet sich.

Antonio.
Und doch verletzt er andre nur zu sehr.
Kannst du es läugnen, daß im Augenblick
Der Leidenschaft, die ihn behend ergreift,
Er auf den Fürsten, auf die Fürstinn selbst,
Auf wen es sey, zu schmähn, zu lästern wagt?
Zwar augenblicklich nur, allein genug
Der Augenblick kommt wieder: er beherrscht
So wenig seinen Mund als seine Brust.

Leonore.
Ich sollte denken, wenn er sich von hier
Auf eine kurze Zeit entfernte, sollt,
Es wohl für ihn und andre nützlich seyn.

Antonio.
Vielleicht, vielleicht auch nicht. Doch eben jetzt
Ist nicht daran zu denken. Denn ich will
Den Fehler nicht auf meine Schultern laden;
Es könnte scheinen, daß ich ihn vertreibe,
Und ich vertreib' ihn nicht. Um meinetwillen
Kann er an unserm Hofe ruhig bleiben;
Und wenn er sich mit mir versöhnen will,
Und wenn er meinen Rath befolgen kann,
So werden wir ganz leidlich leben können.

Leonore.
Nun hoffst du selbst auf ein Gemüth zu wirken,
Das dir vor kurzem noch verloren schien.

Antonio.
Wir hoffen immer, und in allen Dingen
Ist besser hoffen als verzweifeln. Denn
Wer kann das Mögliche berechnen? Er
Ist unserm Fürsten werth. Er muß uns bleiben.
Und bilden wir dann auch umsonst an ihm,
So ist er nicht der einz'ge, den wir dulden.

Leonore.
So ohne Leidenschaft, so unparteyisch
Glaubt' ich dich nicht. Du hast dich schnell bekehrt.

Antonio.
Das Alter muß doch Einen Vorzug haben,
Daß, wenn es auch dem Irrthum nicht entgeht,
Es doch sich auf der Stelle fassen kann.
Du warst, mich deinem Freunde zu versöhnen,
Zuerst bemüht. Nun bitt' ich es von dir.
Thu' was du kannst, daß dieser Mann sich finde,
Und alles wieder bald im Gleichen sey.
Ich gehe selbst zu ihm, so bald ich nur
Von dir erfahre, daß er ruhig ist,
So bald du glaubst, daß meine Gegenwart
Das Übel nicht vermehrt. Doch was du thust,
Das thu' in dieser Stunde; denn es geht
Alphons heut' Abend noch zurück, und ich
Werd' ihn begleiten. Leb' indessen wohl.

Fünfter Auftritt.

Leonore *allein.*

Für dießmal, lieber Freund, sind wir nicht eins,
Mein Vortheil und der deine gehen heut
Nicht Hand in Hand. Ich nütze diese Zeit
Und suche Tasso zu gewinnen. Schnell!

Vierter Aufzug

Erster Auftritt.

Zimmer.

Tasso *allein.*

Bist du aus einem Traum erwacht, und hat
Der schöne Trug auf einmal dich verlassen?
Hat dich nach einem Tag der höchsten Lust
Ein Schlaf gebändigt, hält und ängstet nun
Mit schweren Fesseln deine Seele? Ja,
Du wachst und träumst. Wo sind die Stunden hin,
Die um dein Haupt mit Blumenkränzen spielten?
Die Tage, wo dein Geist mit freyer Sehnsucht
Des Himmels ausgespanntes Blau durchdrang?
Und dennoch lebst du noch, und fühlst dich an,
Du fühlst dich an, und weißt nicht ob du lebst.
Ist's meine Schuld, ist's eines andern Schuld,
Daß ich mich nun als schuldig hier befinde?
Hab, ich verbrochen, daß ich leiden soll?
Ist nicht mein ganzer Fehler ein Verdienst?
Ich sah ihn an, und ward vom guten Willen,
Vom Hoffnungswahn des Herzens übereilt:
Der sey ein Mensch, der menschlich Ansehn trägt.

Ich ging mit off'nen Armen auf ihn los,
Und fühlte Schloß und Riegel, keine Brust.
O hatt' ich doch so klug mir ausgedacht,
Wie ich den Mann empfangen wollte, der
Von alten Zeiten mir verdächtig war!
Allein was immer dir begegnet sey,
So halte dich an *der* Gewißheit fest:
Ich habe *sie* gesehn! Sie stand vor mir!
Sie sprach zu mir, ich habe sie vernommen!
Der Blick, der Ton, der Worte holder Sinn,
Sie sind auf ewig mein, es raubt sie nicht
Die Zeit, das Schicksal, noch das wilde Glück,
Und hob mein Geist sich da zu schnell empor,
Und ließ ich allzu rasch in meinem Busen
Der Flamme Luft, die mich nun selbst verzehrt,
So kann mich's nicht gereun, und wäre selbst
Auf ewig das Geschick des Lebens hin.
Ich widmete mich ihr, und folgte froh
Dem Winke, der mich in's Verderben rief.
Es sey! So hab' ich mich doch werth gezeigt
Des köstlichen Vertrauns, das mich erquickt,
In dieser Stunde selbst erquickt, die mir
Die schwarze Pforte langer Trauerzeit
Gewaltsam öffnet. – Ja, nun ist's gethan!
Es geht die Sonne mir der schönsten Gunst
Auf einmal unter; seinen holden Blick
Entziehet mir der Fürst, und läßt mich hier
Auf düstrem, schmalen Pfad verloren stehn.
Das häßliche zweydeutige Geflügel,
Das leidige Gefolg' der alten Nacht,
Es schwärmt hervor und schwirrt mir um das Haupt.
Wohin, wohin beweg' ich meinen Schritt?
Dem Ekel zu entfliehn, der mich umsaußt,
Dem Abgrund zu entgehn, der vor mir liegt?

Zweyter Auftritt.

Leonore. Tasso.

Leonore.

Was ist begegnet? Lieber Tasso, hat
Dein Eifer dich, dein Argwohn so getrieben?
Wie ist's geschehn? Wir alle stehn bestürzt.
Und deine Sanftmuth, dein gefällig Wesen,
Dein schneller Blick, dein richtiger Verstand,
Mit dem du jedem gibst was ihm gehört,
Dein Gleichmuth, der erträgt, was zu ertragen
Der Edle bald, der Eitle selten lernt,
Die kluge Herrschaft über Zung' und Lippe? –
Mein theurer Freund, fast ganz verkenn' ich dich.

Tasso.

Und wenn das alles nun verloren wäre?
Wenn einen Freund, den du einst reich geglaubt,
Auf einmal du als einen Bettler fändest?
Wohl hast du recht, ich bin nicht mehr ich selbst,
Und bin's doch noch so gut als wie ich's war.
Es scheint ein Räthsel, und doch ist es keins.
Der stille Mond, der dich bey Nacht erfreut,
Dein Auge, dein Gemüth mit seinem Schein
Unwiderstehlich lockt, er schwebt am Tage
Ein unbedeutend blasses Wölkchen hin.
Ich bin vom Glanz des Tages überschienen,
Ihr kennet mich, ich kenne mich nicht mehr.

Leonore.

Was du mir sagst, mein Freund, versteh' ich nicht
Wie du es sagst. Erkläre dich mit mir.
Hat die Beleidigung des schroffen Mann's
Dich so gekränkt, daß du dich selbst und uns
So ganz verkennen magst? Vertraue mir.

Tasso.
Ich bin nicht der Beleidigte, du siehst
Mich ja bestraft, weil ich beleidigt habe.
Die Knoten vieler Worte lös't das Schwert
Gar leicht und schnell, allein ich bin gefangen.
Du weißt wohl kaum – erschrick nicht, zarte Freundinn –
Du triffst den Freund in einem Kerker an.
Mich züchtiget der Fürst wie einen Schüler.
Ich will mit ihm nicht rechten, kann es nicht.

Leonore.
Du scheinest mehr, als billig ist, bewegt.

Tasso.
Hältst du mich für so schwach, für so ein Kind,
Daß solch ein Fall mich gleich zerrütten könne?
Das was geschehn ist, kränkt mich nicht so tief,
Allein das kränkt mich, was es mir bedeutet.
Laß meine Neider meine Feinde nur
Gewähren! Frey und offen ist das Feld.

Leonore.
Du hast gar manchen fälschlich in Verdacht,
Ich habe selbst mich überzeugen können.
Und auch Antonio feindet dich nicht an,
Wie du es wähnst. Der heutige Verdruß –

Tasso.
Den laß' ich ganz bey Seite, nehme nur
Antonio wie er war und wie er bleibt.
Verdrießlich fiel mir stets die steife Klugheit,
Und daß er immer nur den Meister spielt.
Anstatt zu forschen, ob des Hörers Geist
Nicht schon für sich auf guten Spuren wandle,
Belehrt er dich von manchem, das du besser
Und tiefer fühltest, und vernimmt kein Wort,

Das du ihm sagst, und wird dich stets verkennen.
Verkannt zu seyn, verkannt von einem Stolzen,
Der lächelnd dich zu übersehen glaubt!
Ich bin so alt noch nicht und nicht so klug,
Daß ich nur duldend gegenlächeln sollte.
Früh oder spat, es konnte sich nicht halten,
Wir mußten brechen; später wär' es nur,
Um desto schlimmer worden. Einen Herrn
Erkenn' ich nur, den Herrn der mich ernährt,
Dem folg' ich gern, sonst will ich keinen Meister.
Frey will ich seyn im Denken und im Dichten,
Im Handeln schränkt die Welt genug uns ein.

Leonore.
Er spricht mit Achtung oft genug von dir.

Tasso.
Mit Schonung willst du sagen, fein und klug.
Und das verdrießt mich eben; denn er weiß
So glatt und so bedingt zu sprechen, daß
Sein Lob erst recht zum Tadel wird, und daß
Nichts mehr, nichts tiefer dich verletzt, als Lob
Aus seinem Munde.

Leonore.

Möchtest du, mein Freund
Vernommen haben, wie er sonst von dir
Und dem Talente sprach, das dir vor vielen
Die gütige Natur verlieh. Er fühlt gewiß,
Das was du bist und hast, und schätzt es auch.

Tasso.
O glaube mir, ein selbstisches Gemüth
Kann nicht der Qual des engen Neid's entfliehen.
Ein solcher Mann verzeiht dem andern wohl
Vermögen, Stand und Ehre; denn er denkt,

Das hast du selbst, das hast du wenn du willst,
Wenn du beharrst, wenn dich das Glück begünstigt.
Doch das, was die Natur allein verleiht,
Was jeglicher Bemühung, jedem Streben
Stets unerreichbar bleibt, was weder Gold,
Noch Schwert, noch Klugheit, noch Beharrlichkeit
Erzwingen kann, das wird er nie verzeihn.
Er gönnt es mir? Er, der mit steifem Sinn
Die Gunst der Musen zu ertrotzen glaubt?
Der, wenn er die Gedanken mancher Dichter
Zusammenreiht, sich selbst ein Dichter scheint?
Weit eher gönnt er mir des Fürsten Gunst,
Die er doch gern auf sich beschränken möchte,
Als das Talent, das jene Himmlischen
Dem armen, dem verwais'ten Jüngling gaben.

Leonore.
O sähest du so klar, wie ich es sehe!
Du irrst dich über ihn, so ist er nicht.

Tasso.
Und irr' ich mich an ihm, so irr' ich gern!
Ich denk' ihn mir als meinen ärgsten Feind,
Und wär' untröstlich, wenn ich mir ihn nun
Gelinder denken müßte. Thöricht ist's
In allen Stücken billig seyn; es heißt
Sein eigen Selbst zerstören. Sind die Menschen
Denn gegen uns so billig? Nein, o nein!
Der Mensch bedarf in seinem engen Wesen
Der doppelten Empfindung, Lieb' und Haß.
Bedarf er nicht der Nacht als wie des Tag's?
Des Schlafens wie des Wachens? Nein, ich muß
Von nun an diesen Mann als Gegenstand,
Von meinem tiefsten Haß behalten; nichts

Kann mir die Lust entreißen schlimm und schlimmer
Von ihm zu denken.

Leonore.

Willst du, theurer Freund
Von deinem Sinn nicht lassen, seh' ich kaum,
Wie du am Hofe länger bleiben willst.
Du weißt, wie viel er gilt und gelten muß.

Tasso.

Wie sehr ich lang', o schöne Freundinn, hier
Schon überflüssig bin, das weiß ich wohl.

Leonore.

Das bist du nicht, das kannst du nimmer werden!
Du weißt vielmehr, wie gern der Fürst mit dir,
Wie gern die Fürstinn mit dir lebt; und kommt
Die Schwester von Urbino, kommt sie fast
So sehr um dein't- als der Geschwister willen.
Sie denken alle gut und gleich von dir,
Und jegliches vertraut dir unbedingt.

Tasso.

O Leonore, welch Vertraun ist das?
Hat er von seinem Staate je ein Wort,
Ein ernstes Wort mit mir gesprochen? Kam
Ein eigner Fall, worüber er sogar
In meiner Gegenwart mit seiner Schwester,
Mit andern sich berieth, mich fragt' er nie.
Da hieß es immer nur: Antonio kommt!
Man muß Antonio schreiben! fragt Antonio!

Leonore.

Du klagst anstatt zu danken. Wenn er dich
In unbedingter Freyheit lassen mag,
So ehrt er dich, wie er dich ehren kann.

Tasso.

Er läßt mich ruhn, weil er mich unnütz glaubt.

Leonore.

Du bist nicht unnütz, eben weil du ruhst.
So lange hegst du schon Verdruß und Sorge,
Wie ein geliebtes Kind, an deiner Brust.
Ich hab' es oft bedacht, und mag's bedenken
Wie ich es will, auf diesem schönen Boden,
Wohin das Glück dich zu verpflanzen schien,
Gedeihst du nicht. O Tasso! – rath' ich dir's?
Sprech' ich es aus? – Du solltest dich entfernen!

Tasso.

Verschone nicht den Kranken, lieber Arzt!
Reich' ihm das Mittel, denke nicht daran,
Ob's bitter sey. – Ob er genesen könne,
Das überlege wohl, o kluge, gute Freundinn!
Ich seh' es alles selbst, es ist vorbey!
Ich kann ihm wohl verzeihen, er nicht mir;
Und sein bedarf man, leider! meiner nicht.
Und er ist klug, und leider! bin ich's nicht.
Er wirkt zu meinem Schaden, und ich kann,
Ich mag nicht gegenwirken. Meine Freunde
Sie lassen's gehn, sie sehen's anders an,
Sie widerstreben kaum, und sollten kämpfen.
Du glaubst, ich soll hinweg, ich glaub' es selbst –
So lebt denn wohl! ich werd' auch das ertragen.
Ihr seyd von mir geschieden – werd' auch mir
Von euch zu scheiden, Kraft und Muth verliehn!

Leonore.

Ach in der Ferne zeigt sich alles reiner,
Was in der Gegenwart uns nur verwirrt.
Vielleicht wirst du erkennen, welche Liebe

Dich überall umgab, und welchen Werth
Die Treue wahrer Freunde hat, und wie
Die weite Welt die Nächsten nicht ersetzt.

Tasso.

Das werden wir erfahren! Kenn' ich doch
Die Welt von Jugend auf, wie sie so leicht
Uns hülflos, einsam läßt, und ihren Weg
Wie Sonn' und Mond und andre Götter geht.

Leonore.

Vernimmst du mich, mein Freund, so sollst du nie
Die traurige Erfahrung wiederhohlen.
Soll ich dir rathen, so begibst du dich
Erst nach Florenz, und eine Freundinn wird
Gar freundlich für dich sorgen. Sey getrost,
Ich bin es selbst. Ich reise, den Gemahl
Die nächsten Tage dort zu finden, kann
Nichts freudiger für ihn und mich bereiten,
Als wenn ich dich in unsre Mitte bringe.
Ich sage dir kein Wort, du weißt es selbst,
Welch einem Fürsten du dich nahen wirst,
Und welche Männer diese schöne Stadt
In ihrem Busen hegt, und welche Frauen.
Du schweigst? Bedenk' es wohl! Entschließe dich.

Tasso.

Gar reitzend ist, was du mir sagst, so ganz
Dem Wunsch gemäß, den ich im Stillen nähre;
Allein es ist zu neu: ich bitte dich
Laß mich bedenken, ich beschließe bald.

Leonore.

Ich gehe mit der schönsten Hoffnung weg
Für dich und uns und auch für dieses Haus.

Bedenke nur, und wenn du recht bedenkst,
So wirst du schwerlich etwas bessers denken.

Tasso.
Noch eins, geliebte Freundinn! sage mir,
Wie ist die Fürstinn gegen mich gesinnt?
War sie erzürnt auf mich? Was sagte sie? –
Sie hat mich sehr getadelt? Rede frey.

Leonore.
Da sie dich kennt, hat sie dich leicht entschuldigt.

Tasso.
Hab' ich bey ihr verloren? schmeichle nicht.

Leonore.
Der Frauen Gunst wird nicht so leicht verscherzt.

Tasso.
Wird sie mich gern entlassen, wenn ich gehe?

Leonore.
Wenn es zu deinem Wohl gereicht, gewiß.

Tasso.
Werd' ich des Fürsten Gnade nicht verlieren?

Leonore.
In seiner Großmuth kannst du sicher ruhn.

Tasso.
Und lassen wir die Fürstinn ganz allein?
Du gehst hinweg; und wenn ich wenig bin,
So weiß ich doch, daß ich ihr etwas war.

Leonore.
Gar freundliche Gesellschaft leistet uns
Ein ferner Freund, wenn wir ihn glücklich wissen.
Und es gelingt, ich sehe dich beglückt,
Du wirst von hier nicht unzufrieden gehn.

Der Fürst befahl's, Antonio sucht dich auf.
Er tadelt selbst an sich die Bitterkeit,
Womit er dich verletzt. Ich bitte dich,
Nimm ihn gelassen auf, so wie er kommt.

Tasso.
Ich darf in jedem Sinne vor ihm stehn.

Leonore.
Und schenke mir der Himmel, lieber Freund,
Noch eh' du scheidest, dir das Aug' zu öffnen:
Daß niemand dich im ganzen Vaterlande
Verfolgt und haßt, und heimlich druckt und neckt!
Du irrst gewiß, und wie du sonst zur Freude
Von andern dichtest, leider dichtest du
In diesem Fall ein seltenes Gewebe,
Dich selbst zu kränken. Alles will ich thun,
Um es entzwey zu reißen, daß du frey
Den schönen Weg des Lebens wandeln mögest.
Leb' wohl! Ich hoffe bald ein glücklich Wort.

Dritter Auftritt.

Tasso *allein.*
Ich soll erkennen, daß mich niemand haßt.
Daß niemand mich verfolgt, daß alle List
Und alles heimliche Gewebe sich
Allein in meinem Kopfe spinnt und webt!
Bekennen soll ich, daß ich unrecht habe,
Und manchem unrecht thue, der es nicht
Um mich verdient! Und das in einer Stunde,
Da vor dem Angesicht der Sonne klar
Mein volles Recht, wie ihre Tücke, liegt!
Ich soll es tief empfinden, wie der Fürst

Mit offner Brust mir seine Gunst gewährt,
Mit reichem Maß die Gaben mir ertheilt,
Im Augenblicke, da er, schwach genug,
Von meinen Feinden sich das Auge trüben
Und seine Hand gewiß auch fesseln läßt!

Daß er betrogen ist, kann er nicht sehen,
Daß sie Betrüger sind, kann ich nicht zeigen,
Und nur damit er ruhig sich betrüge,
Daß sie gemächlich ihn betrügen können,
Soll ich mich stille halten, weichen gar!

Und wer gibt mir den Rath? Wer dringt so klug
Mit treuer, lieber Meinung auf mich ein?
Lenore selbst, Lenore Sanvitale,
Die zarte Freundinn! Ha, dich kenn' ich nun!
O warum traut' ich ihrer Lippe je!
Sie war nicht redlich, wenn sie noch so sehr
Mir ihre Gunst, mir ihre Zärtlichkeit
Mit süßen Worten zeigte! Nein, sie war
Und bleibt ein listig Herz, sie wendet sich
Mit leisen klugen Tritten nach der Gunst.

Wie oft hab' ich mich willig selbst betrogen,
Auch über sie; und doch im Grunde hat
Mich nur – die Eitelkeit betrogen. Wohl!
Ich kannte sie, und schmeichelte mir selbst.
So ist sie gegen andre, sagt' ich mir,
Doch gegen dich ist's offne treue Meinung.
Nun seh' ich's wohl, und seh' es nur zu spät:
Ich war begünstigt, und sie schmiegte sich
So zart – an den Beglückten. Nun ich falle,
Sie wendet mir den Rücken wie das Glück.

Nun kommt sie als ein Werkzeug meines Feindes,
Sie schleicht heran und zischt mit glatter Zunge,

Die kleine Schlange, zauberische Töne.
Wie lieblich schien sie! Lieblicher als je!
Wie wohl that von der Lippe jedes Wort!
Doch konnte mir die Schmeicheley nicht lang'
Den falschen Sinn verbergen; an der Stirne
Schien ihr das Gegentheil zu klar geschrieben
Von allem was sie sprach. Ich fühl' es leicht,
Wenn man den Weg zu meinem Herzen sucht
Und es nicht herzlich meint. Ich soll hinweg?
Soll nach Florenz, sobald ich immer kann?

Und warum nach Florenz? Ich seh' es wohl.
Dort herrscht der Mediceer neues Haus,
Zwar nicht in offner Feindschaft mit Ferrara,
Doch hält der stille Neid mit kalter Hand,
Die edelsten Gemüther aus einander.
Empfang' ich dort von jenen edlen Fürsten
Erhabne Zeichen ihrer Gunst, wie ich
Gewiß erwarten dürfte, würde bald
Der Höfling meine Treu' und Dankbarkeit
Verdächtig machen. Leicht geläng' es ihm.

Ja, ich will weg, allein nicht wie ihr wollt;
Ich will hinweg, und weiter als ihr denkt.

Was soll ich hier? Wer hält mich hier zurück?
O ich verstund ein jedes Wort zu gut,
Das ich Lenoren von den Lippen lockte!
Von Sylb' zu Sylbe nur erhascht' ich's kaum,
Und weiß nun ganz wie die Prinzessinn denkt –
Ja, ja, auch das ist wahr, verzweifle nicht!
„Sie wird mich gern entlassen, wenn ich gehe,
Da es zu meinem Wohl gereicht." O! fühlte
Sie eine Leidenschaft im Herzen, die mein Wohl
Und mich zu Grunde richtete! Willkommner

Ergriffe mich der Tod, als diese Hand,
Die kalt und starr mich von sich läßt. – Ich gehe! –
Nun hüte dich, und laß dich keinen Schein
Von Freundschaft oder Güte täuschen! Niemand
Betrügt dich nun, wenn du dich nicht betrügst.

Vierter Auftritt.

Antonio. Tasso.

Antonio.
Hier bin ich, Tasso, dir ein Wort zu sagen,
Wenn du mich ruhig hören magst und kannst.

Tasso.
Das Handeln, weißt du, bleibt mir untersagt,
Es ziemt mir wohl zu warten und zu hören.

Antonio.
Ich treffe dich gelassen, wie ich wünschte,
Und spreche gern zu dir aus freyer Brust.
Zuvörderst lös' ich in des Fürsten Namen
Das schwache Band, das dich zu fesseln schien.

Tasso.
Die Willkür macht mich frey, wie sie mich band;
Ich nehm' es an und fordre kein Gericht.

Antonio.
Dann sag' ich dir von mir: Ich habe dich
Mit Worten, scheint es, tief und mehr gekränkt,
Als ich, von mancher Leidenschaft bewegt,
Es selbst empfand. Allein kein schimpflich Wort
Ist meinen Lippen unbedacht entflohen;
Zu rächen hast du nichts als Edelmann,
Und wirst als Mensch Vergebung nicht versagen.

Tasso.
Was härter treffe, Kränkung oder Schimpf,
Will ich nicht untersuchen; jene dringt
In's tiefe Mark, und dieser reitzt die Haut.
Der Pfeil des Schimpfs kehrt auf den Mann zurück,
Der zu verwunden glaubt, die Meinung andrer
Befriedigt leicht das wohl geführte Schwert –
Doch ein gekränktes Herz erhohlt sich schwer.

Antonio.
Jetzt ist's an mir, daß ich dir dringend sage:
Tritt nicht zurück, erfülle meinen Wunsch,
Den Wunsch des Fürsten, der mich zu dir sendet.

Tasso.
Ich kenne meine Pflicht und gebe nach.
Es sey verziehn, so fern es möglich ist!
Die Dichter sagen uns von einem Speer,
Der eine Wunde, die er selbst geschlagen,
Durch freundliche Berührung heilen konnte.
Es hat des Menschen Zunge diese Kraft;
Ich will ihr nicht gehässig widerstehn.

Antonio.
Ich danke dir, und wünsche, daß du mich
Und meinen Willen dir zu dienen gleich
Vertraulich prüfen mögest. Sage mir,
Kann ich dir nützlich seyn? Ich zeig' es gern:

Tasso.
Du biethest an was ich nur wünschen konnte.
Du brachtest mir die Freyheit wieder, nun
Verschaffe mir, ich bitte, den Gebrauch.

Antonio.
Was kannst du meinen? Sag' es deutlich an.

Tasso.

Du weißt, geendet hab' ich mein Gedicht;
Es fehlt noch viel, daß es vollendet wäre.
Heut überreicht' ich es dem Fürsten, hoffte
Zugleich ihm eine Bitte vorzutragen.
Gar viele meiner Freunde find' ich jetzt
In Rom versammelt; einzeln haben sie
Mir über manche Stellen ihre Meinung
In Briefen schon eröffnet; vieles hab' ich
Benutzen können, manches scheint mir noch
Zu überlegen; und verschiedne Stellen
Möcht' ich nicht gern verändern, wenn man mich
Nicht mehr, als es geschehn ist, überzeugt.
Das alles wird durch Briefe nicht gethan;
Die Gegenwart lös't diese Knoten bald.
So dacht' ich heut den Fürsten selbst zu bitten:
Ich fand nicht Raum; nun darf ich es nicht wagen,
Und hoffe diesen Urlaub nun durch dich.

Antonio.

Mir scheint nicht räthlich, daß du dich entfernst
In dem Moment, da dein vollendet Werk
Dem Fürsten und der Fürstinn dich empfiehlt.
Ein Tag der Gunst ist wie ein Tag der Ernde;
Man muß geschäftig seyn, sobald sie reift.
Entfernst du dich, so wirst du nichts gewinnen,
Vielleicht verlieren, was du schon gewannst.
Die Gegenwart ist eine mächt'ge Göttinn;
Lern' ihren Einfluß kennen, bleibe hier!

Tasso.

Zu *fürchten* hab' ich nichts; Alphons ist edel,
Stets hat er gegen mich sich groß gezeigt:
Und was ich *hoffe,* will ich seinem Herzen
Allein verdanken, keine Gnade mir

Erschleichen; nichts will ich von ihm empfangen,
Was ihn gereuen könnte daß er's gab.

Antonio.
So fordre nicht von ihm, daß er dich jetzt
Entlassen soll; er wird es ungern thun,
Und ich befürchte fast, er thut es nicht.

Tasso.
Er wird es gern, wenn recht gebethen wird,
Und du vermagst es wohl, sobald du willst.

Antonio.
Doch welche Gründe, sag' mir, leg' ich vor?

Tasso.
Laß mein Gedicht aus jeder Stanze sprechen:
Was ich gewollt ist löblich, wenn das Ziel
Auch meinen Kräften unerreichbar blieb.
An Fleiß und Mühe hat es nicht gefehlt.
Der heitre Wandel mancher schönen Tage,
Der stille Raum so mancher tiefen Nächte,
War einzig diesem frommen Lied geweiht.
Bescheiden hofft' ich jenen großen Meistern
Der Vorwelt mich zu nahen; kühn gesinnt
Zu edlen Thaten unsern Zeitgenossen
Aus einem langen Schlaf zu rufen, dann
Vielleicht mit einem edlen Christen-Heere,
Gefahr und Ruhm des heil'gen Kriegs zu theilen.
Und soll mein Lied die besten Männer wecken,
So muß es auch der besten würdig seyn.
Alphonsen bin ich schuldig was ich that,
Nun möcht' ich ihm auch die Vollendung danken.

Antonio.
Und eben dieser Fürst ist hier, mit andern,
Die dich so gut als Römer leiten können.

Vollende *hier* dein Werk, hier ist der Platz,
Und um zu wirken eile dann nach Rom.

Tasso.
Alphons hat mich zuerst begeistert, wird
Gewiß der letzte seyn, der mich belehrt.
Und deinen Rath, den Rath der klugen Männer,
Die unser Hof versammelt, schätz' ich hoch.
Ihr sollt entscheiden, wenn mich ja zu Rom
Die Freunde nicht vollkommen überzeugen.
Doch diese *muß* ich sehn. Gonzaga hat
Mir ein Gericht versammelt, dem ich erst
Mich stellen muß. Ich kann es kaum erwarten.
Flaminio de' Nobili, Angelio
Da Barga, Antoniano, und Speron Speroni!
Du wirst sie kennen. – Welche Namen sind's!
Vertraun und Sorge flößen sie zugleich
In meinen Geist, der gern sich unterwirft.

Antonio.
Du denkst nur dich und denkst den Fürsten nicht.
Ich sage dir, er wird dich nicht entlassen;
Und wenn er's thut, entläßt er dich nicht gern.
Du willst ja nicht verlangen, was er dir
Nicht gern gewähren mag. Und soll ich hier
Vermitteln, was ich selbst nicht loben kann?

Tasso.
Versagst du mir den ersten Dienst, wenn ich
Die angebothne Freundschaft prüfen will?

Antonio.
Die wahre Freundschaft zeigt sich im Versagen
Zur rechten Zeit, und es gewährt die Liebe
Gar oft ein schädlich Gut, wenn sie den Willen
Des Fordernden mehr als sein Glück bedenkt.

Du scheinest mir in diesem Augenblick
Für gut zu halten, was du eifrig wünschest,
Und willst im Augenblick, was du begehrst.
Durch Heftigkeit ersetzt der Irrende,
Was ihm an Wahrheit und an Kräften fehlt.
Es fordert meine Pflicht, so viel ich kann
Die Hast zu mäß'gen, die dich übel treibt.

Tasso.
Schon lange kenn' ich diese Tyranney
Der Freundschaft, die von allen Tyranneyen
Die unerträglichste mir scheint. Du denkst
Nur anders, und du glaubst deswegen
Schon recht zu denken. Gern erkenn' ich an,
Du willst mein Wohl; allein verlange nicht,
Daß ich auf deinem Weg es finden soll.

Antonio.
Und soll ich dir sogleich mit kaltem Blut,
Mit voller, klarer Überzeugung schaden?

Tasso.
Von dieser Sorge will ich dich befreyn!
Du hältst mich nicht mit diesen Worten ab.
Du hast mich frey erklärt, und diese Thüre
Steht mir nun offen, die zum Fürsten führt.
Ich lasse dir die Wahl. Du oder ich!
Der Fürst geht fort. Hier ist kein Augenblick
Zu harren. Wähle schnell! Wenn du nicht gehst,
So geh' ich selbst, und werd' es wie es will.

Antonio.
Laß mich nur wenig Zeit von dir erlangen,
Und warte nur des Fürsten Rückkehr ab!
Nur heute nicht!

Tasso.

Nein, diese Stunde noch,
Wenn's möglich ist! Es brennen mir die Sohlen
Auf diesem Marmorboden; eher kann
Mein Geist nicht Ruhe finden, bis der Staub
Des freyen Wegs mich Eilenden umgibt.
Ich bitte dich! Du siehst, wie ungeschickt
In diesem Augenblick ich sey mit meinem Herrn
Zu reden; siehst – wie kann ich das verbergen –
Daß ich mir selbst in diesem Augenblick,
Mir keine Macht der Welt gebiethen kann.
Nur Fesseln sind es, die mich halten können!
Alphons ist kein Tyrann, er sprach mich frey.
Wie gern gehorcht' ich seinen Worten sonst!
Heut kann ich nicht gehorchen. Heute nur
Laßt mich in Freyheit, daß mein Geist sich finde!
Ich kehre bald zu meiner Pflicht zurück.

Antonio.
Du machst mich zweifelhaft. Was soll ich thun?
Ich merke wohl, es steckt der Irrthum an.

Tasso.
Soll ich dir glauben, denkst du gut für mich,
So wirke was ich wünsche, was du kannst.
Der Fürst entläßt mich dann, und ich verliere
Nicht seine Gnade, seine Hülfe nicht.
Das dank' ich dir, und will dir's gern verdanken;
Doch hegst du einen alten Groll im Busen,
Willst du von diesem Hofe mich verbannen,
Willst du auf ewig mein Geschick verkehren,
Mich hülflos in die weite Welt vertreiben,
So bleib' auf deinem Sinn und widersteh!

Antonio.
Weil ich dir doch, o Tasso, schaden soll,
So wähl' ich denn den Weg, den du erwählst.
Der Ausgang mag entscheiden wer sich irrt!
Du willst hinweg! Ich sag' es dir zuvor,
Du wendest diesem Hause kaum den Rücken,
So wird dein Herz zurück verlangen, wird
Dein Eigensinn dich vorwärts treiben: Schmerz,
Verwirrung, Trübsinn harr't in Rom auf dich,
Und du verfehlest hier und dort den Zweck.
Doch sag' ich dieß nicht mehr, um dir zu rathen;
Ich sage nur voraus, was bald geschieht,
Und lade dich auch schon im voraus ein,
Mir in dem schlimmsten Falle zu vertraun.
Ich spreche nun den Fürsten, wie du's forderst.

Fünfter Auftritt.

Tasso *allein.*
Ja gehe nur, und gehe sicher weg,
Daß du mich überredest was du willst.
Ich lerne mich verstellen, denn du bist
Ein großer Meister und ich fasse leicht.
So zwingt das Leben uns zu scheinen, ja
Zu seyn wie jene, die wir kühn und stolz
Verachten konnten. Deutlich seh' ich nun
Die ganze Kunst des höfischen Gewebes!
Mich will Antonio von hinnen treiben,
Und will nicht scheinen, daß er mich vertreibt.
Er spielt den Schonenden, den Klugen, daß
Man nur recht krank und ungeschickt mich finde,
Bestellet sich zum Vormund, daß er mich
Zum Kind erniedrige, den er zum Knecht

Nicht zwingen konnte. So umnebelt er
Die Stirn des Fürsten und der Fürstinn Blick.

Man soll mich halten, meint er; habe doch
Ein schön Verdienst mir die Natur geschenkt,
Doch leider habe sie mit manchen Schwächen
Die hohe Gabe wieder schlimm begleitet,
Mit ungebundnem Stolz, mit übertriebner
Empfindlichkeit und eignem düstern Sinn.
Es sey nicht anders, einmal habe nun
Den Einen Mann das Schicksal so gebildet,
Nun müsse man ihn nehmen wie er sey,
Ihn dulden, tragen und vielleicht an ihm
Was Freude bringen kann am guten Tage
Als unerwarteten Gewinst genießen,
Im übrigen, wie er geboren sey,
So müsse man ihn leben, sterben lassen.

Erkenn' ich noch Alphonsens festen Sinn?
Der Feinden trotzt und Freunde treulich schützt,
Erkenn' ich ihn, wie er nun mir begegnet?
Ja wohl erkenn' ich ganz mein Unglück nun!
Das ist mein Schicksal, daß nur gegen mich
Sich jeglicher verändert, der für andre fest
Und treu und sicher bleibt, sich leicht verändert
Durch einen Hauch, in einem Augenblick.

Hat nicht die Ankunft dieses Mann's allein
Mein ganz Geschick zerstört, in Einer Stunde?
Nicht dieser das Gebäude meines Glücks
Von seinem tiefsten Grund aus umgestürzt?
O muß ich das erfahren? Muß ich's heut?
Ja, wie sich alles zu mir drängte, läßt
Mich alles nun; wie jeder mich an sich
Zu reißen strebte, jeder mich zu fassen,

So stößt mich alles weg und meidet mich.
Und das warum? Und wiegt denn er allein
Die Schale meines Werths und aller Liebe,
Die ich so reichlich sonst besessen, auf?

Ja, alles flieht mich nun. Auch du! Auch du!
Geliebte Fürstinn, du entziehst dich mir.
In diesen trüben Stunden hat sie mir
Kein einzig Zeichen ihrer Gunst gesandt.
Hab' ich's um sie verdient? – Du armes Herz,
Dem so natürlich war sie zu verehren! –
Vernahm ich ihre Stimme, wie durchdrang
Ein unaussprechliches Gefühl die Brust!
Erblickt' ich sie, da ward das helle Licht
Des Tag's mir trüb'; unwiderstehlich zog
Ihr Auge mich, ihr Mund mich an, mein Knie
Erhielt sich kaum, und aller Kraft
Des Geist's bedurft' ich, aufrecht mich zu halten,
Vor ihre Füße nicht zu fallen, kaum
Vermocht' ich diesen Taumel zu zerstreun.
Hier halte fest, mein Herz! Du klarer Sinn,
Laß hier dich nicht umnebeln! Ja auch Sie!
Darf ich es sagen? und ich glaub' es kaum,
Ich glaub' es wohl, und möcht' es mir verschweigen.
Auch Sie! auch Sie! Entschuldige sie ganz,
Allein verbirg' dir's nicht: auch Sie! auch Sie!

O dieses Wort, an dem ich zweifeln sollte,
So lang' ein Hauch von Glauben in mir lebt,
Ja, dieses Wort, es gräbt sich, wie ein Schluß
Des Schicksals noch zuletzt am ehrnen Rande
Der vollgeschriebnen Qualentafel, ein.
Nun sind erst meine Feinde stark, nun bin ich
Auf ewig einer jeden Kraft beraubt.
Wie soll ich streiten, wenn *Sie* gegenüber

Im Heere steht? Wie soll ich duldend harren,
Wenn *Sie* die Hand mir nicht von ferne reicht?
Wenn nicht *ihr* Blick dem Flehenden begegnet?
Du hast's gewagt zu denken, hast's gesprochen,
Und es ist wahr, eh' du es fürchten konntest!
Und eh' nun die Verzweiflung deine Sinnen
Mit ehrnen Klauen aus einander reißt,
Ja, klage nur das bittre Schicksal an,
Und wiederhole nur, auch Sie! auch Sie!

Fünfter Aufzug.

Erster Auftritt.

Garten.

Alphons. Antonio.

Antonio.
Auf deinen Wink ging ich das zweytemal
Zu Tasso hin, ich komme von ihm her.
Ich hab' ihm zugeredet, ja gedrungen;
Allein er geht von seinem Sinn nicht ab,
Und bittet sehnlich, daß du ihn nach Rom
Auf eine kurze Zeit entlassen mögest.

Alphons.
Ich bin verdrießlich, daß ich dir's gestehe,
Und lieber sag' ich dir, daß ich es bin,
Als daß ich den Verdruß verberg' und mehre.
Er will verreisen; gut, ich halt' ihn nicht:
Er will hinweg, er will nach Rom; es sey!
Nur daß mir Scipio Gonzaga nicht,

Der kluge Medicis, ihn nicht entwende!
Das hat Italien so groß gemacht,
Daß jeder Nachbar mit dem andern streitet,
Die Bessern zu besitzen, zu benutzen.
Ein Feldherr ohne Heer scheint mir ein Fürst,
Der die Talente nicht um sich versammelt.
Und wer der Dichtkunst Stimme nicht vernimmt,
Ist ein Barbar, er sey auch wer er sey.
Gefunden hab' ich diesen und gewählt,
Ich bin auf ihn als meinen Diener stolz,
Und da ich schon für ihn so viel gethan,
So möcht' ich ihn nicht ohne Noth verlieren.

Antonio.
Ich bin verlegen, denn ich trage doch
Vor dir die Schuld von dem, was heut geschah;
Auch will ich meinen Fehler gern gestehn,
Er bleibet deiner Gnade zu verzeihn:
Doch wenn du glauben könntest, daß ich nicht
Das Mögliche gethan ihn zu versöhnen,
So würd' ich ganz untröstlich seyn. O! sprich
Mit holdem Blick mich an, damit ich wieder
Mich fassen kann, mir selbst vertrauen mag.

Alphons.
Antonio, nein, da sey nur immer ruhig,
Ich schreib' es dir auf keine Weise zu;
Ich kenne nur zu gut den Sinn des Mannes,
Und weiß nur allzu wohl was ich gethan,
Wie sehr ich ihn geschont, wie sehr ich ganz
Vergessen, daß ich eigentlich an ihm
Zu fordern hätte. Über vieles kann
Der Mensch zum Herrn sich machen, seinen Sinn
Bezwinget kaum die Noth und lange Zeit.

Antonio.
Wenn andre vieles um den Einen thun;
So ist's auch billig, daß der Eine wieder
Sich fleißig frage, was den andern nützt.
Wer seinen Geist so viel gebildet hat,
Wer jede Wissenschaft zusammengeitzt,
Und jede Kenntniß, die uns zu ergreifen
Erlaubt ist, sollte der sich zu beherrschen
Nicht doppelt schuldig seyn? Und denkt er dran?

Alphons.
Wir sollen eben nicht in Ruhe bleiben!
Gleich wird uns, wenn wir zu genießen denken,
Zur Übung unsrer Tapferkeit ein Feind,
Zur Übung der Geduld ein Freund gegeben.

Antonio.
Die erste Pflicht des Menschen, Speis' und Trank
Zu wählen, da ihn die Natur so eng'
Nicht wie das Thier beschränkt, erfüllt er die?
Und läßt er nicht vielmehr sich wie ein Kind
Von allem reitzen, was dem Gaumen schmeichelt?
Wann mischt er Wasser unter seinen Wein?
Gewürze, süße Sachen, stark Getränke,
Eins um das andre schlingt er hastig ein,
Und dann beklagt er seinen trüben Sinn,
Sein feurig Blut, sein allzu heftig Wesen,
Er schilt auf die Natur und das Geschick.
Wie bitter und wie thöricht hab' ich ihn
Nicht oft mit seinem Arzte rechten sehn;
Zum Lachen fast, wär' irgend lächerlich
Was einen Menschen quält und andre plagt.
„Ich fühle dieses Übel," sagt er bänglich
Und voll Verdruß: „Was rühmt ihr eure Kunst?
„Schafft mir Genesung!" Gut versetzt der Arzt,

So meidet das und das – „Das kann ich nicht“ –
So nehmet diesen Trank – „O nein! der schmeckt
„Abscheulich, er empört mir die Natur“ –
So trinkt denn Wasser – „Wasser? nimmermehr!
„Ich bin so wasserscheu als ein Gebißner –“
So ist euch nicht zu helfen – „Und warum?“ –
„Das Übel wird sich stets mit Übeln häufen,
Und, wenn es euch nicht tödten kann, nur mehr
Und mehr mit jedem Tag euch quälen –“ Schön!
„Wofür seyd ihr ein Arzt? Ihr kennt mein Übel,
„Ihr solltet auch die Mittel kennen, sie
„Auch schmackhaft machen, daß ich nicht noch erst,
„Der Leiden los zu seyn, recht leiden müsse.“
Du lächelst selbst und doch ist es gewiß,
Du hast es wohl aus seinem Mund gehört?

Alphons.

Ich hab' es oft gehört und oft entschuldigt.

Antonio.

Es ist gewiß, ein ungemäßigt Leben,
Wie es uns schwere, wilde Träume gibt,
Macht uns zuletzt am hellen Tage träumen.
Was ist sein Argwohn anders als ein Traum?
Wohin er tritt, glaubt er von Feinden sich
Umgeben. Sein Talent kann niemand sehn,
Der ihn nicht neidet, niemand ihn beneiden,
Der ihn nicht haßt und bitter ihn verfolgt.
So hat er oft mit Klagen dich belästigt:
Erbrochne Schlösser, aufgefangne Briefe,
Und Gift und Dolch! Was alles vor ihm schwebt!
Du hast es untersuchen lassen, untersucht,
Und hast du was gefunden? Kaum den Schein.
Der Schutz von keinem Fürsten macht ihn sicher,
Der Busen keines Freundes kann ihn laben.

Und willst du einem solchen Ruh' und Glück,
Willst du von ihm wohl Freude *dir* versprechen?

Alphons.
Du hättest Recht, Antonio, wenn in ihm
Ich meinen nächsten Vortheil suchen wollte!
Zwar ist es schon mein Vortheil, daß ich nicht
Den Nutzen g'rad' und unbedingt erwarte.
Nicht alles dienet uns auf gleiche Weise;
Wer vieles brauchen will, gebrauche jedes
In seiner Art, so ist er wohl bedient.
Das haben uns die Medicis gelehrt,
Das haben uns die Päbste selbst gewiesen.
Mit welcher Nachsicht, welcher fürstlichen
Geduld und Langmuth trugen diese Männer
Manch groß Talent, das ihrer reichen Gnade
Nicht zu bedürfen schien und doch bedurfte!

Antonio.
Wer weiß es nicht, mein Fürst? Des Lebens Mühe
Lehrt uns allein des Lebens Güter schätzen.
So jung hat er zu vieles schon erreicht,
Als daß genügsam er genießen könnte.
O sollt' er erst erwerben, was ihm nun
Mit offnen Händen angebothen wird;
Er strengte seine Kräfte männlich an,
Und fühlte sich von Schritt zu Schritt begnügt.
Ein armer Edelmann hat schon das Ziel
Von seinem besten Wunsch erreicht, wenn ihn
Ein edler Fürst zu seinem Hofgenossen
Erwählen will, und ihn der Dürftigkeit
Mit milder Hand entzieht. Schenkt er ihm noch
Vertraun und Gunst', und will an seine Seite
Vor andern ihn erheben, sey's im Krieg,
Sey's in Geschäften oder im Gespräch;

So dächt' ich, könnte der bescheidne Mann
Sein Glück mit stiller Dankbarkeit verehren.
Und Tasso hat zu allem diesem noch
Das schönste Glück des Jünglings: daß ihn schon
Sein Vaterland erkennt und auf ihn hofft.
O glaube mir, sein launisch Mißbehagen
Ruht auf dem breiten Polster seines Glücks.
Er kommt, entlaß ihn gnädig, gib ihm Zeit,
In Rom und in Neapel, wo er will,
Das aufzusuchen, was er hier vermißt,
Und was er hier nur wiederfinden kann.

Alphons.
Will er zurück erst nach Ferrara gehn?

Antonio.
Er wünscht in Belriguardo zu verweilen.
Das nöthigste, was er zur Reise braucht,
Will er durch einen Freund sich senden lassen.

Alphons.
Ich bin's zufrieden. Meine Schwester geht
Mit ihrer Freundinn gleich zurück, und reitend
Werd' ich vor ihnen noch zu Hause seyn.
Du folgst uns bald, wenn du für ihn gesorgt.
Dem Castellan befiehl das Nöthige,
Daß er hier auf dem Schlosse bleiben kann,
So lang' er will, so lang' bis seine Freunde
Ihm das Gepäck gesendet, bis wir ihm
Die Briefe schicken, die ich ihm nach Rom
Zu geben Willens bin. Er kommt! Leb' wohl!

Zweyter Auftritt.

Alphons. Tasso.

Tasso *mit Zurückhaltung.*
Die Gnade, die du mir so oft bewiesen,
Erscheinet heute mir in vollem Licht.
Du hast verziehen, was in deiner Nähe
Ich unbedacht und frevelhaft beging,
Du hast den Widersacher mir versöhnt,
Du willst erlauben, daß ich eine Zeit
Von deiner Seite mich entferne, willst
Mir deine Gunst großmüthig vorbehalten.
Ich scheide nun mit völligem Vertraun,
Und hoffe still, mich soll die kleine Frist
Von allem heilen, was mich jetzt beklemmt.
Es soll mein Geist auf's neue sich erheben,
Und auf dem Wege, den ich froh und kühn,
Durch deinen Blick ermuntert, erst betrat,
Sich deiner Gunst auf's neue würdig machen.

Alphons.
Ich wünsche dir zu deiner Reise Glück,
Und hoffe, daß du froh und ganz geheilt
Uns wieder kommen wirst. Du bringst uns dann
Den doppelten Gewinst für jede Stunde,
Die du uns nun entziehst, vergnügt zurück.
Ich gebe Briefe dir an meine Leute,
An Freunde dir nach Rom, und wünsche sehr,
Daß du dich zu den Meinen überall
Zutraulich halten mögest, wie ich dich
Als *mein*, obgleich entfernt, gewiß betrachte.

Tasso.
Du überhäufst, o Fürst, mit Gnade den,
Der sich unwürdig fühlt, und selbst zu danken

In diesem Augenblicke nicht vermag.
Anstatt des Danks eröffn' ich eine Bitte!
Am meisten liegt mir mein Gedicht am Herzen.
Ich habe viel gethan und keine Mühe
Und keinen Fleiß gespart, allein es bleibt
Zu viel mir noch zurück. Ich möchte dort,
Wo noch der Geist der großen Männer schwebt,
Und wirksam schwebt, dort möcht' ich in die Schule
Auf's neue mich begeben; würdiger
Erfreute deines Beyfalls sich mein Lied.
O gib die Blätter mir zurück, die ich
Jetzt nur beschämt in deinen Händen weiß.

Alphons.
Du wirst mir nicht an diesem Tage nehmen,
Was du mir kaum an diesem Tag gebracht?
Laß zwischen dich und zwischen dein Gedicht
Mich als Vermittler treten; hüte dich
Durch strengen Fleiß die liebliche Natur
Zu kränken, die in deinen Reimen lebt,
Und höre nicht auf Rath von allen Seiten!
Die tausendfältigen Gedanken vieler
Verschiedner Menschen, die im Leben sich
Und in der Meinung widersprechen, faßt
Der Dichter klug in Eins, und scheut sich nicht
Gar manchem zu mißfallen, daß er manchem
Um desto mehr gefallen möge. Doch
Ich sage nicht, daß du nicht hie und da
Bescheiden deine Feile brauchen solltest;
Verspreche dir zugleich, in kurzer Zeit
Erhältst du abgeschrieben dein Gedicht.
Es bleibt von deiner Hand in meinen Händen,
Damit ich seiner erst mit meinen Schwestern
Mich recht erfreuen möge. Bringst du es

Vollkommner dann zurück; wir werden uns
Des höheren Genusses freun, und dich
Bey mancher Stelle nur als Freunde warnen.

Tasso.

Ich wiederhohle nur beschämt die Bitte:
Laß mich die Abschrift eilig haben, ganz
Ruht mein Gemüth auf diesem Werke nun.
Nun muß es werden was es werden kann.

Alphons.

Ich billige den Trieb der dich beseelt!
Doch, guter Tasso, wenn es möglich wäre,
So solltest du erst eine kurze Zeit
Der freyen Welt genießen, dich zerstreuen,
Dein Blut durch eine Cur verbessern. Dir
Gewährte dann die schöne Harmonie
Der hergestellten Sinne, was du nun
Im trüben Eifer nur vergebens suchst.

Tasso.

Mein Fürst, so scheint es; doch, ich bin gesund,
Wenn ich mich meinem Fleiß ergeben kann,
Und so macht wieder mich der Fleiß gesund.
Du hast mich lang' gesehn, mir ist nicht wohl
In freyer Üppigkeit. Mir läßt die Ruh'
Am mind'sten Ruhe. Dieß Gemüth ist nicht
Von der Natur bestimmt, ich fühl' es leider,
Auf weichem Element der Tage froh
In's weite Meer der Zeiten hinzuschwimmen.

Alphons.

Dich führet alles, was du sinnst und treibst,
Tief in dich selbst. Es liegt um uns herum
Gar mancher Abgrund, den das Schicksal grub;
Doch hier in unserm Herzen ist der tiefste,

Und reitzend ist es sich hinab zu stürzen.
Ich bitte dich, entreiße dich dir selbst!
Der Mensch gewinnt, was der Poet verliert.

Tasso.
Ich halte diesen Drang vergebens auf,
Der Tag und Nacht in meinem Busen wechselt.
Wenn ich nicht sinnen oder dichten soll,
So ist das Leben mir kein Leben mehr.
Verbiethe du dem Seidenwurm zu spinnen,
Wenn er sich schon dem Tode näher spinnt.
Das köstliche Geweb' entwickelt er
Aus seinem Innersten, und läßt nicht ab,
Bis er in seinen Sarg sich eingeschlossen.
O geb' ein guter Gott uns auch dereinst
Das Schicksal des beneidenswerthen Wurms,
Im neuen Sonnenthal die Flügel rasch
Und freudig zu entfalten!

Alphons.

Höre mich!
Du gibst so vielen doppelten Genuß
Des Lebens, lern', ich bitte dich,
Den Werth des Lebens kennen, das du noch
Und zehnfach reich besitzest. Lebe wohl!
Je eher du zu uns zurücke kehrst,
Je schöner wirst du uns willkommen seyn.

Dritter Auftritt.

Tasso *allein.*
So halte fest, mein Herz, so war es recht!
Es wird dir schwer, es ist das erstemal,
Daß du dich so verstellen magst und kannst.

Du hörtest wohl, das war nicht sein Gemüth,
Das waren seine Worte nicht; mir schien,
Als klänge nur Antonio's Stimme wieder.
O gib nur Acht! Du wirst sie nun so fort
Von allen Seiten hören. Fest, nur fest!
Um einen Augenblick ist's noch zu thun.
Wer spät im Leben sich verstellen lernt,
Der hat den Schein der Ehrlichkeit voraus,
Es wird schon gehn, nur übe dich mit ihnen.

Nach einer Pause.

Du triumphirst zu früh, dort kommt sie her!
Die holde Fürstinn kommt! O welch Gefühl!
Sie tritt herein, es lös't in meinem Busen
Verdruß und Argwohn sich in Schmerzen auf

Vierter Auftritt.

Prinzessinn. Tasso.
Gegen das Ende des Auftritts **Die Übrigen.**

Prinzessinn.
Du denkst uns zu verlassen, oder bleibst
Vielmehr in Belriguardo noch zurück,
Und willst dich dann von uns entfernen, Tasso?
Ich hoffe, nur auf eine kurze Zeit.
Du gehst nach Rom?

Tasso.

Ich richte meinen Weg
Zuerst dahin, und nehmen meine Freunde
Mich gütig auf, wie ich es hoffen darf,
So leg' ich da mit Sorgfalt und Geduld
Vielleicht die letzte Hand an mein Gedicht.

Ich finde viele Männer dort versammelt,
Die Meister aller Art sich nennen dürfen.
Und spricht in jener ersten Stadt der Welt
Nicht jeder Platz nicht jeder Stein zu uns?
Wie viele tausend stumme Lehrer winken
In ernster Majestät uns freundlich an!
Vollend' ich da nicht mein Gedicht, so kann
Ich's nie vollenden. Leider, ach, schon fühl' ich,
Mir wird zu keinem Unternehmen Glück!
Verändern werd' ich es, vollenden nie.
Ich fühl', ich fühl' es wohl, die große Kunst,
Die jeden nährt, die den gesunden Geist
Stärkt und erquickt, wird mich zu Grunde richten,
Vertreiben wird sie mich. Ich eile fort!
Nach Napel will ich bald!

Prinzessinn.

Darfst du es wagen?
Noch ist der strenge Bann nicht aufgehoben,
Der dich zugleich mit deinem Vater traf

Tasso.

Du warnest recht, ich hab' es schon bedacht.
Verkleidet geh' ich hin, den armen Rock
Des Pilgers oder Schäfers zieh' ich an.
Ich schleiche durch die Stadt, wo die Bewegung
Der Tausende den Einen leicht verbirgt.
Ich eile nach dem Ufer, finde dort
Gleich einen Kahn mit willig guten Leuten,
Mit Bauern, die zum Markte kamen, nun
Nach Hause kehren, Leute von Sorrent;
Denn ich muß nach Sorrent hinüber eilen.
Dort wohnet meine Schwester, die mit mir
Die Schmerzensfreude meiner Eltern war.

Im Schiffe bin ich still, und trete dann
Auch schweigend an das Land, ich gehe sacht
Den Pfad hinauf, und an dem Thore frag' ich:
Wo wohnt Cornelia? Zeigt mir es an!
Cornelia Sersale? Freundlich deutet
Mir eine Spinnerinn die Straße, sie
Bezeichnet mir das Haus. So steig' ich weiter.
Die Kinder laufen nebenher und schauen
Das wilde Haar, den düstern Fremdling an.
So komm' ich an die Schwelle. Offen steht
Die Thüre schon, so tret' ich in das Haus –

Prinzessinn.
Blick' auf, o Tasso, wenn es möglich ist,
Erkenne die Gefahr, in der du schwebst!
Ich schone dich; denn sonst würd' ich dir sagen:
Ist's edel so zu reden, wie du sprichst?
Ist's edel nur allein an sich zu denken,
Als kränktest du der Freunde Herzen nicht?
Ist's dir verborgen wie mein Bruder denkt?
Wie beyde Schwestern dich zu schätzen wissen?
Hast du es nicht empfunden und erkannt?
Ist alles denn in wenig Augenblicken
Verändert? Tasso! Wenn du scheiden willst,
So laß uns Schmerz und Sorge nicht zurück.

Tasso *wendet sich weg.*

Prinzessinn.
Wie tröstlich ist es einem Freunde, der
Auf eine kurze Zeit verreisen will,
Ein klein Geschenk zu geben, sey es nur
Ein neuer Mantel, oder eine Waffe!
Dir kann man nichts mehr geben, denn du wirfst
Unwillig alles weg, was du besitzest.

Die Pilgermuschel und den schwarzen Kittel,
Den langen Stab erwählst du dir, und gehst
Freywillig arm dahin, und nimmst uns weg,
Was du mit uns allein genießen konntest.

Tasso.

So willst du mich nicht ganz und gar verstoßen?
O süßes Wort, o schöner, theurer Trost,
Vertritt mich! Nimm in deinen Schutz mich auf! –
Laß mich in Belriguardo hier, versetze
Mich nach Consandoli, wohin du willst!
Es hat der Fürst so manches schöne Schloß,
So manchen Garten, der das ganze Jahr
Gewartet wird, und ihr betretet kaum
Ihn Einen Tag, vielleicht nur Eine Stunde.
Ja wählet den entferntsten aus, den ihr
In ganzen Jahren nicht besuchen geht,
Und der vielleicht jetzt ohne Sorge liegt,
Dort schickt mich hin! Dort laßt mich euer seyn!
Wie will ich deine Bäume pflegen! Die Citronen
Im Herbst mit Bretern und mit Ziegeln decken,
Und mit verbund'nem Rohre wohl verwahren!
Es sollen schöne Blumen in den Beeten
Die breiten Wurzeln schlagen, rein und zierlich
Soll jeder Gang und jedes Fleckchen seyn.
Und laßt mir auch die Sorge des Pallastes!
Ich will zur rechten Zeit die Fenster öffnen,
Daß Feuchtigkeit nicht den Gemählden schade;
Die schön mit Stuckatur verzierten Wände
Will ich mit einem leichten Wedel säubern,
Es soll das Estrich blank und reinlich glänzen,
Es soll kein Stein, kein Ziegel sich verrücken,
Es soll kein Gras aus einer Ritze keimen!

Prinzessinn.

Ich finde keinen Rath in meinem Busen,
Und finde keinen Trost für dich und – – uns.
Mein Auge blickt umher, ob nicht ein Gott
Uns Hülfe reichen möchte? Möchte mir
Ein heilsam Kraut entdecken, einen Trank,
Der deinem Sinne Frieden brächte, Frieden uns.
Das treuste Wort, das von der Lippe fließt,
Das schönste Heilungsmittel wirkt nicht mehr.
Ich muß dich lassen, und verlassen kann
Mein Herz dich nicht.

Tasso.

Ihr Götter, ist sie's doch,
Die mit dir spricht und deiner sich erbarmt?
Und konntest du das edle Herz verkennen?
War's möglich, daß in ihrer Gegenwart
Der Kleinmuth dich ergriff und dich bezwang?
Nein, nein, du bist's! und nun ich bin es auch.
O fahre fort, und laß mich jeden Trost
Aus deinem Munde hören! Deinen Rath
Entzieh' mir nicht! O sprich: was soll ich thun?
Damit dein Bruder mir vergeben könne,
Damit du selbst mir gern vergeben mögest,
Damit ihr wieder zu den Euren mich
Mit Freuden zählen möget. Sag' mir an.

Prinzessinn.

Gar wenig ist's, was wir von dir verlangen;
Und dennoch scheint es allzu viel zu seyn.
Du sollst dich selbst uns freundlich überlassen.
Wir wollen nichts von dir, was du nicht bist,
Wenn du nur erst dir mit dir selbst gefällst.
Du machst uns Freude, wenn du Freude hast,

Und du betrübst uns nur, wenn du sie fliehst;
Und wenn du uns auch ungeduldig machst,
So ist es nur, daß wir dir helfen möchten,
Und, leider! sehn, daß nicht zu helfen ist;
Wenn du nicht selbst des Freundes Hand ergreifst,
Die, sehnlich ausgereckt, dich nicht erreicht.

Tasso.

Du bist es selbst, wie du zum erstenmal,
Ein heil'ger Engel, mir entgegen kamst!
Verzeih' dem trüben Blick des Sterblichen,
Wenn er auf Augenblicke dich verkannt.
Er kennt dich wieder! Ganz eröffnet sich
Die Seele, nur dich ewig zu verehren.
Es füllt sich ganz das Herz von Zärtlichkeit –
Sie ist's, sie steht vor mir. Welch ein Gefühl!
Ist es Verirrung, was mich nach dir zieht?
Ist's Raserey? Ist's ein erhöhter Sinn,
Der erst die höchste, reinste Wahrheit faßt?
Ja, es ist das Gefühl, das mich allein
Auf dieser Erde glücklich machen kann,
Das mich allein so elend werden ließ,
Wenn ich ihm widerstand und aus dem Herzen
Es bannen wollte. Diese Leidenschaft
Gedacht' ich zu bekämpfen; stritt und stritt
Mit meinem tiefsten Seyn, zerstörte frech
Mein eignes Selbst, dem du so ganz gehörst.

Prinzessinn.

Wenn ich dich, Tasso, länger hören soll,
So mäßige die Gluth, die mich erschreckt.

Tasso.

Beschränkt der Rand des Bechers einen Wein,
Der schäumend wallt und brausend überschwillt?

Mit jedem Wort' erhöhest du mein Glück,
Mit jedem Worte glänzt dein Auge heller.
Ich fühle mich im innersten verändert,
Ich fühle mich von aller Noth entladen,
Frey wie ein Gott, und alles dank' ich dir!
Unsägliche Gewalt, die mich beherrscht,
Entfließet deinen Lippen; ja, du machst
Mich ganz dir eigen. Nichts gehöret mir
Von meinem ganzen Ich mir künftig an.
Es trübt mein Auge sich in Glück und Licht,
Es schwankt mein Sinn. Mich hält der Fuß nicht mehr.
Unwiderstehlich ziehst du mich zu dir,
Und unaufhaltsam dringt mein Herz dir zu.
Du hast mich ganz auf ewig dir gewonnen,
So nimm denn auch mein ganzes Wesen hin.

Er fällt ihr in die Arme und drückt sie fest an sich.

Prinzessinn *ihn von sich stoßend und hinweg eilend.*
Hinweg!

Leonore *die sich schon eine Weile im Grunde sehen lassen, herbey eilend.*
Was ist geschehen? Tasso! Tasso!

Sie geht der Prinzessinn nach.

Tasso *im Begriff ihnen zu folgen.*
O Gott!

Alphons *der sich schon eine Zeit lang mit Antonio genähert.*
Er kommt von Sinnen, halt ihn fest.

ab.

Fünfter Auftritt.

Tasso. Antonio.

Antonio.
O stünde jetzt, so wie du immer glaubst
Daß du von Feinden rings umgeben bist,
Ein Feind bey dir, wie würd' er triumphiren?
Unglücklicher, noch kaum erhohl' ich mich!
Wenn ganz was unerwartetes begegnet,
Wenn unser Blick was ungeheures sieht,
Steht unser Geist auf eine Weile still,
Wir haben nichts, womit wir das vergleichen.

Tasso *nach einer langen Pause.*
Vollende nur dein Amt, ich seh' du bist's!
Ja du verdienst das fürstliche Vertraun;
Vollende nur dein Amt, und martre mich,
Da mir der Stab gebrochen ist, noch langsam
Zu Tode! Ziehe! Zieh' am Pfeile nur,
Daß ich den Widerhaken grimmig fühle,
Der mich zerfleischt!
Du bist ein theures Werkzeug des Tyrannen,
Sey Kerkermeister, sey der Marterknecht,
Wie wohl! wie eigen steht dir beydes an!

Gegen die Scene.

Ja, gehe nur, Tyrann! Du konntest dich
Nicht bis zuletzt verstellen, triumphire!
Du hast den Sclaven wohl gekettet, hast
Ihn wohl gespart zu ausgedachten Qualen:
Geh' nur, ich hasse dich, ich fühle ganz
Den Abscheu, den die Übermacht erregt,
Die frevelhaft und ungerecht ergreift.

Nach einer Pause.

So seh' ich mich am Ende denn verbannt,
Verstoßen und verbannt als Bettler hier?
So hat man mich bekränzt, um mich geschmückt
Als Opferthier vor den Altar zu führen!
So lockte man mir noch am letzten Tage
Mein einzig Eigenthum, mir mein Gedicht
Mit glatten Worten ab, und hielt es fest!
Mein einzig Gut ist nun in euren Händen,
Das mich an jedem Ort empfohlen hätte:
Das mir noch blieb vom Hunger mich zu retten!
Jetzt seh' ich wohl, warum ich feyern soll.
Es ist Verschwörung, und du bist das Haupt.
Damit mein Lied nur nicht vollkommner werde,
Daß nur mein Name sich nicht mehr verbreite,
Daß meine Neider tausend Schwächen finden,
Daß man am Ende meiner gar vergesse;
Drum soll ich mich zum Müßiggang gewöhnen,
Drum soll ich mich und meine Sinne schonen.
O werthe Freundschaft, theure Sorglichkeit!
Abscheulich dacht' ich die Verschwörung mir,
Die unsichtbar und rastlos mich umspann,
Allein abscheulicher ist es geworden.

Und du, Sirene! die du mich so zart,
So himmlisch angelockt, ich sehe nun
Dich auf einmal! O Gott, warum so spät?

Allein wir selbst betrügen uns so gern,
Und ehren die Verworfnen, die uns ehren.
Die Menschen kennen sich einander nicht;
Nur die Galerensclaven kennen sich,
Die eng' an Eine Bank geschmiedet keuchen;
Wo keiner was zu fordern hat und keiner
Was zu verlieren hat, die kennen sich!
Wo jeder sich für einen Schelmen gibt,

Und seines Gleichen auch für Schelmen nimmt.
Doch wir verkennen nur die andern höflich,
Damit sie wieder uns verkennen sollen.

Wie lang' verdeckte mir dein heilig Bild
Die Buhlerinn, die kleine Künste treibt.
Die Maske fällt, Armiden seh' ich nun
Entblößt von allen Reitzen – ja, du bist's!
Von dir hat ahndungsvoll mein Lied gesungen!

Und die verschmitzte kleine Mittlerinn!
Wie tief erniedrigt seh' ich sie vor mir!
Ich höre nun die leisen Tritte rauschen,
Ich kenne nun den Kreis, um den sie schlich.
Euch alle kenn' ich! Sey mir das genug!
Und wenn das Elend alles mir geraubt,
So preis' ich's doch; die Wahrheit lehrt es mich.

Antonio.
Ich höre, Tasso, dich mit Staunen an,
So sehr ich weiß, wie leicht dein rascher Geist
Von einer Gränze zu der andern schwankt.
Besinne dich! Gebiethe dieser Wuth!
Du lästerst, du erlaubst dir Wort auf Wort,
Das deinen Schmerzen zu verzeihen ist,
Doch das du selbst dir nie verzeihen kannst.

Tasso.
O sprich mir nicht mit sanfter Lippe zu,
Laß mich kein kluges Wort von dir vernehme
Laß mir das dumpfe Glück, damit ich nicht
Mich erst besinne, dann von Sinnen komme.
Ich fühle mir das innerste Gebein
Zerschmettert, und ich leb' um es zu fühlen.
Verzweiflung faßt mit aller Wuth mich an,
Und in der Höllenqual, die mich vernichtet,

Wird Läst'rung nur ein leiser Schmerzenslaut.
Ich will hinweg! Und wenn du redlich bist,
So zeig' es mir, und laß mich gleich von hinnen.

Antonio.
Ich werde dich in dieser Noth nicht lassen;
Und wenn es dir an Fassung ganz gebricht,
So soll mir's an Geduld gewiß nicht fehlen.

Tasso.
So muß ich mich dir denn gefangen geben?
Ich gebe mich, und so ist es gethan;
Ich widerstehe nicht, so ist mir wohl –
Und laß es dann mich schmerzlich wiederhohlen,
Wie schön es war, was ich mir selbst verscherzte.
Sie gehn hinweg – O Gott! dort seh' ich schon
Den Staub, der von den Wagen sich erhebt –
Die Reiter sind voraus – Dort fahren sie,
Dort gehn sie hin! Kam ich nicht auch daher?
Sie sind hinweg, sie sind erzürnt auf mich.
O küßt' ich nur noch einmal seine Hand!
O daß ich nur noch Abschied nehmen könnte!
Nur einmal noch zu sagen: O verzeiht!
Nur noch zu hören: Geh', dir ist verziehn!
Allein ich hör' es nicht, ich hör' es nie –
Ich will ja gehn! Laßt mich nur Abschied nehmen,
Nur Abschied nehmen! Gebt, o gebt mir nur
Auf einen Augenblick die Gegenwart
Zurück! Vielleicht genes' ich wieder. Nein,
Ich bin verstoßen, bin verbannt, ich habe
Mich selbst verbannt, ich werde diese Stimme
Nicht mehr vernehmen, diesem Blicke nicht,
Nicht mehr begegnen –

Antonio.
Laß eines Mannes Stimme dich erinnern,
Der neben dir nicht ohne Rührung steht!
Du bist so elend nicht, als wie du glaubst.
Ermanne dich! Du gibst zu viel dir nach.

Tasso.
Und bin ich denn so elend wie ich scheine?
Bin ich so schwach, wie ich vor dir mich zeige
Ist alles denn verloren? Hat der Schmerz,
Als schütterte der Boden, das Gebäude
In einen grausen Haufen Schutt verwandelt?
Ist kein Talent mehr übrig, tausendfältig
Mich zu zerstreun, zu unterstützen?
Ist alle Kraft verloschen, die sich sonst
In meinem Busen regte? Bin ich Nichts,
Ganz Nichts geworden?
Nein, es ist alles da, und ich bin nichts;
Ich bin mir selbst entwandt, sie ist es mir!

Antonio.
Und wenn du ganz dich zu verlieren scheinst,
Vergleiche dich! Erkenne was du bist!

Tasso.
Ja, du erinnerst mich zur rechten Zeit! –
Hilft denn kein Beyspiel der Geschichte mehr?
Stellt sich kein edler Mann mir vor die Augen,
Der mehr gelitten, als ich jemals litt;
Damit ich mich mit ihm vergleichend fasse?
Nein, Alles ist dahin! – Nur Eines bleibt:
Die Thräne hat uns die Natur verliehen,
Den Schrey des Schmerzens, wenn der Mann zuletzt
Es nicht mehr trägt – Und mir noch über alles –
Sie ließ im Schmerz mir Melodie und Rede,

Die tiefste Fülle meiner Noth zu klagen:
Und wenn der Mensch in seiner Qual verstummt,
Gab mir ein Gott, zu sagen wie ich leide.

Antonio *tritt zu ihm und nimmt ihn bey der Hand.*

Tasso.

O edler Mann! Du stehest fest und still,
Ich scheine nur die sturmbewegte Welle.
Allein bedenk', und überhebe nicht
Dich deiner Kraft! Die mächtige Natur,
Die diesen Felsen gründete, hat auch
Der Welle die Beweglichkeit gegeben.
Sie sendet ihren Sturm, die Welle flieht
Und schwankt und schwillt und beugt sich schäumend über.
In dieser Woge spiegelte so schön
Die Sonne sich, es ruhten die Gestirne
An dieser Brust, die zärtlich sich bewegte.
Verschwunden ist der Glanz, entflohn die Ruhe.
Ich kenne mich in der Gefahr nicht mehr,
Und schäme mich nicht mehr es zu bekennen.
Zerbrochen ist das Steuer, und es kracht
Das Schiff an allen Seiten. Berstend reißt
Der Boden unter meinen Füßen auf!
Ich fasse dich mit beyden Armen an!
So klammert sich der Schiffer endlich noch
Am Felsen fest, an dem er scheitern sollte.